DE ACORDO COM A BNCC

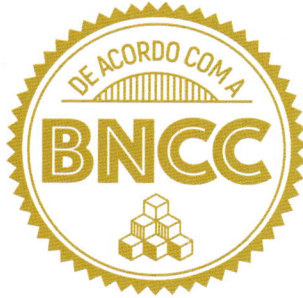

WILLIAM **CEREJA**
CILEY **CLETO**

INTERPRETAÇÃO DE TEXTOS

Desenvolvendo a competência leitora

8

WILLIAM **CEREJA**

Professor graduado em Português e Linguística e licenciado em Português pela Universidade de São Paulo
Mestre em Teoria Literária pela Universidade de São Paulo
Doutor em Linguística Aplicada e Análise do Discurso pela PUC-SP

CILEY **CLETO**

Professora graduada e licenciada em Português pela Universidade de São Paulo
Mestra em Linguística e Semiótica pela Universidade de São Paulo

Atual Editora

plurall

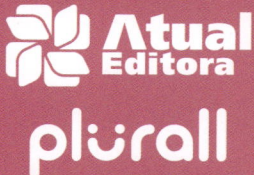

Presidência: Mario Ghio Júnior
Vice-presidência de educação digital: Camila Montero Vaz Cardoso
Direção editorial: Lidiane Vivaldini Olo
**Gerência de conteúdo e design educacional –
Soluções completas:** Viviane Carpegiani
Edição: Fernanda Vilany, Mônica Rodrigues de Lima e Paula Junqueira
Preparação de texto: Noé G. Ribeiro
Planejamento e controle de produção: Flávio Matuguma (ger.), Juliana Batista (coord.), Vivian Mendes e Suelen Ramos (analistas)
Revisão: Letícia Pieroni (coord.), Aline Cristina Vieira, Anna Clara Razvickas, Brenda T. M. Morais, Carla Bertinato, Daniela Lima, Danielle Modesto, Diego Carbone, Kátia S. Lopes Godoi, Lilian M. Kumai, Malvina Tomáz, Marília H. Lima, Paula Rubia Baltazar, Paula Teixeira, Raquel A. Taveira, Ricardo Miyake, Shirley Figueiredo Ayres, Tayra Alfonso e Thaise Rodrigues
Arte: Fernanda Costa da Silva (ger.), Catherine Saori Ishihara (coord.), Claudemir Camargo Barbosa (edição de arte)
Diagramação: Ilê Comunicação
Iconografia e tratamento de imagem: Roberta Bento (ger.), Claudia Bertolazzi (coord.), Cristina Akisino (pesquisa iconográfica) e Fernanda Crevin (tratamento de imagens)
Licenciamento de conteúdos de terceiros: Roberta Bento (ger.), Jenis Oh (coord.), Liliane Rodrigues, Flávia Zambon e Raísa Maris Reina (analistas de licenciamento), Cristina Akisino
Ilustrações: David Martins e Jean Galvão
Cartografia: Eric Fuzii (coord.) e Robson Rosendo da Rocha
Design: Erik Taketa (coord.) e Talita Guedes da Silva (proj. gráfico e capa)
Foto de capa: Chairat Natesawai/EyeEm/Getty Images; © Armandinho, de Alexandre Beck/Acervo do cartunista; M.C. Escher's "Três Mundos" © 2020 The M.C. Escher Company - The Netherlands. All rights reserved. www.mcescher.com

Todos os direitos reservados por Somos Sistemas de Ensino S.A.
Avenida Paulista, 901, 6º andar – Bela Vista
São Paulo – SP – CEP 01310-200
http://www.somoseducacao.com.br

Dados Internacionais de Catalogação na Publicação (CIP)

```
Cereja, William Roberto
   Interpretação de textos : desenvolvendo a competência
leitora, 6º a 9º ano / William Roberto Cereja, Ciley Cleto.
-- 3. ed. -- São Paulo: Atual, 2021.
   (Interpretação de textos ; vol. 6 ao 9)


   1. Língua portuguesa (Ensino fundamental) 2. Língua
portuguesa (Ensino fundamental) I. Título II. Cleto, Ciley

20-4495                                            CDD 372.6
```

Angélica Ilacqua - CRB-8/7057

2022
Código da obra CL 801930
CAE 753202 (AL) / 753206 (PR)
ISBN 978-65-5945-002-2 (AL)
ISBN 978-65-5945-006-0 (PR)
3ª edição
2ª impressão
De acordo com a BNCC.

Impressão e acabamento: Bercrom Gráfica e Editora

Uma publicação

Apresentação

Prezado estudante

No mundo em que vivemos, o texto perpassa cada uma de nossas atividades, individuais e coletivas. Verbais, não verbais ou mistos, os textos se cruzam, se completam e se modificam incessantemente, acompanhando o movimento de transformação do ser humano e suas formas de organização social.

É por meio de textos que convivemos com outras pessoas, próximas ou distantes, informando ou informando-nos, esclarecendo ou defendendo nossos pontos de vista, alterando a opinião de nossos interlocutores ou sendo modificados pela opinião deles. Por intermédio dos textos, inventamos histórias, relatamos nosso cotidiano, transmitimos nossos conhecimentos. É pelo texto que se expressa toda forma de opinião, de informação e nossa visão de mundo.

Mas não basta produzir ou receber textos. Neste mundo de diferentes linguagens e mídias, é preciso compreendê-los, relacioná-los, interpretá-los. A interpretação desses textos é essencial para nos tornarmos leitores competentes e nos inserirmos nas inúmeras práticas sociais de linguagem, seja navegando na internet, seja lendo um artigo científico ou uma história em quadrinhos, seja lendo gráficos, infográficos e tabelas.

Esta obra foi escrita com este objetivo: ajudá-lo a construir e desenvolver sua competência leitora e levá-lo a enfrentar com tranquilidade os desafios que se apresentam em sua vida escolar, preparando-o para leituras em diferentes disciplinas e, posteriormente, para exames oficiais, como a Prova Brasil, o Enem e os vestibulares.

Por meio de textos da atualidade, de diferentes gêneros e linguagens, você desenvolverá sua competência leitora, apropriando-se de diversas operações, como fazer inferências em um texto, comparar textos, relacionar um texto verbal e outro não verbal, estabelecer relações de causa e consequência, reconhecer a ideia principal e as ideias secundárias de um texto, perceber efeitos de ironia e humor, o uso de recursos expressivos da linguagem, etc.

Enfim, este livro foi elaborado para você, que está se preparando para enfrentar novos desafios, está sintonizado com a realidade do século XXI, é dinâmico, interessado e ávido por ler e interpretar todos os textos do mundo!

Sumário

CAPÍTULO 1
"COMIDA É AQUILO QUE A SUA AVÓ CHAMARIA DE COMIDA" 6
O mundo é o que você come, Superinteressante 6
Palavras em contexto 11
Texto e intertexto 12
O que é fermento natural e qual sua vantagem sobre o industrializado, Adriano Ribeiro 12
Exercícios 16

CAPÍTULO 2
BRASIL DE CONTRASTES 26
Piscina, Fernando Sabino 26
Palavras em contexto 30
Texto e intertexto 31
Vista cansada, Otto Lara Resende 31
Exercícios 34

CAPÍTULO 3
REDES SOCIAIS: A EDIÇÃO DE SI MESMO 42
Perfis de redes sociais são retratos ideais de nós mesmos, Antonio Prata 42
Palavras em contexto 46
Texto e intertexto 47
10 dicas para não ser um chato nas redes sociais, blog Viajante Curioso 47
Exercícios 51

CAPÍTULO 4
MEIO AMBIENTE 60
Móveis ao mar, Antonio Prata 60
Palavras em contexto 64
Texto e intertexto 65
Paisagem, Vik Muniz 65
Fotografia da Baía de Guanabara ... 65
Exercícios 68

CAPÍTULO 5
QUAIS SÃO MEUS DIREITOS? 74
A barata, Luis Fernando Verissimo 74
Palavras em contexto 81
Texto e intertexto 82
Clique Ciência: como funciona o prazo de alimentos?, UOL 82
Exercícios 85

CAPÍTULO 6

A MAGIA DAS PALAVRAS 92

Meu ideal seria escrever..., Rubem Braga 92

Palavras em contexto 97

Texto e intertexto 98

Os poemas, Mário Quintana 98

Exercícios 100

CAPÍTULO 7

PRECONCEITO 108

Perceba o racismo internalizado em você, Djamila Ribeiro 108

Palavras em contexto 111

Texto e intertexto 113

O que é racismo estrutural? Ainda hoje existe? Somos todos racistas?, Bárbara Forte 113

Exercícios 117

CAPÍTULO 8

O PAPEL DA ARTE 124

Raízes, Mia Couto 124

Palavras em contexto 129

Texto e intertexto 130

A persistência da memória, Salvador Dalí 130

Exercícios 133

CAPÍTULO 9

ADOLESCÊNCIA 140

Socorro, sou fofo, Antonio Prata 140

Palavras em contexto 144

Texto e intertexto 144

Texto da orelha do livro Fala sério, mãe!, Thalita Rebouças 144

Exercícios 147

CAPÍTULO 10

PALAVRAS: PÁSSAROS ENCANTADOS! 154

A beleza dos pássaros em voo, Rubem Alves 154

Palavras em contexto 158

Texto e intertexto 159

Declaração de amor, Clarice Lispector 159

Exercícios 161

BIBLIOGRAFIA 168

Capítulo 1

"Comida é aquilo que a sua avó chamaria de comida"

Quando vamos ao supermercado, nem sabemos o que pegar primeiro, não é? Salgadinhos, batatas fritas, refrigerantes, hambúrgueres, bombons, balas, bolos... Uma infinidade de coisas gostosas. Mas você já parou para pensar de forma mais aprofundada e crítica sobre o que costuma comer?

Leia a entrevista a seguir e responda às questões propostas.

O mundo é o que você come

Para o americano *Michael Pollan*, o ato de cozinhar tem o poder de nos tornar mais saudáveis e tirar nosso estômago do controle das corporações.

No início, era o churrasco. Depois vieram os cozidos, os assados, os fermentados. E os ultraprocessados, que, na opinião do jornalista Michael Pollan, nos tiram da cozinha e, portanto, do controle de nossa dieta. Nos EUA, o tempo médio gasto no preparo de refeições em casa caiu pela metade desde os anos 1960. Autor de várias obras sobre alimentação, Pollan falou à SUPER sobre seu livro, *Cozinhar — Uma História Natural da Transformação*, em que vestiu o avental de cozinheiro para investigar métodos de cozimento e a importância de pilotar o próprio fogão. O livro deu origem à série *Cooked*, que estreou em fevereiro no Netflix.

Capítulo 1

Cozinhar é um ato político?

É um jeito de retomar o controle da sua dieta, que hoje está com as corporações. São elas que decidem quem cultiva o quê e quanto açúcar, sal e gordura vai na comida. Quando você cozinha, você tem influência na agricultura. Você vota, com seu garfo, pelo local ou pelo global, e toma decisões sobre energia e água.

Como cozinhar nos transformou como espécie?

Sempre foi um mistério como desenvolvemos cérebros tão grandes e um sistema digestivo menor. A mais interessante e persuasiva teoria diz que foi quando começamos a cozinhar. Comida cozida dá mais energia. O fogo começa o processo da digestão, além de remover toxinas dos alimentos. Ele diminui a necessidade de mastigar, o que nos liberou tempo, e nos fez mais sociais. Antes, os homens não se sentavam e compartilhavam o alimento. Assim tivemos que aprender os rudimentos da civilização, como dividir, esperar.

E como a experiência de cozinhar para o livro o transformou?

Passei a comer melhor e até perdi peso. Aprendi sobre agricultura, e passei a respeitá-la mais, e sobre o poder das refeições em família. Também fiquei mais sociável, porque se você cozinha faz sentido convidar pessoas para comer com você.

Se cozinhar nos tornou humanos, como deixar de cozinhar nos afeta?

Os países em que se cozinha mais têm menos obesidade. Quanto menos se cozinha, mais fast-food se consome. Em casa, as pessoas deixam de comer juntas. O adolescente come uma pizza congelada; a mãe, uma salada; o pai, um pedaço de carne pré-preparada; as crianças comem enquanto fazem outra atividade, como lição de casa ou TV. A vida familiar se torna mais difusa. E há mesmo um efeito na civilidade. Nas refeições as crianças aprendem a arte de viver em sociedade: a dividir, esperar a vez, discutir sem brigar.

Como reverter a tendência mundial de cozinhar menos?

Como jornalistas, contando histórias que estimulem as pessoas a voltar para a cozinha. Aprendo tanto sobre a natureza ao manusear animais e plantas: aprendo sobre transformações, sobre química, física, biologia. E também cultura, porque você está trabalhando com tradições. É um dos jeitos mais intelectualmente absorventes de passar o tempo. Como transformar açúcar em álcool, por exemplo? Essas transformações são milagres, mas a maioria não pensa sobre isso.

Ao mesmo tempo em que muita gente já não cozinha tanto nem se senta para comer em família, um monte de fotos de comida é postada nas redes sociais.

Esse contato não é tão íntimo. Não contempla a habilidade de conectar com todos os nossos sentidos. As pessoas estão muito interessadas em comida e em cozinhar, mas não cozinham. É uma cultura do espectador, de ver mais do que fazer. A indústria prefere assim, pois pode fazer por nós.

A comida de muitas avós também tinha muito açúcar, gordura, sal e até processados, como leite condensado. Somos nostálgicos sobre a comida do passado?

Em alguns casos, sim. De modo geral, havia menos produtos processados, mas farinha branca é bastante usada desde 1870. Elas faziam comidas doces, como bolos, para ocasiões especiais. Já as corporações ficam felizes de servir sobremesa toda noite. Há comidas muito atrativas, como batatas fritas, que dão trabalho para fazer. Mas as companhias tornam simples comer isso todo dia. No livro *Regras da Comida*, eu digo que você pode comer toda a *junk food* que puder cozinhar. O ato de cozinhar regula a alimentação.

(*Superinteressante*. Edição 363, jul. 2016.)

junk food: (do inglês) comida rica em calorias e de baixa qualidade nutritiva.
nostálgico: que tem nostalgia ou melancolia; que tem saudade do passado.

QUEM É MICHAEL POLLAN?

Michael Pollan nasceu em Nova Iorque (EUA), em 1955. É jornalista e produziu vários livros e filmes a respeito de alimentação.

Autor da célebre frase "Não coma nada que sua avó não reconhecesse como comida", Pollan é um crítico ferrenho da alimentação industrializada e defensor da agricultura sustentável.

Embasadas em conhecimentos de História, Ciência, Sociologia e Antropologia, suas obras são ricas em reflexões filosóficas sobre o estilo de vida moderno. Para fundamentar suas teorias acerca da alimentação, o próprio autor foi para a cozinha e aprendeu a cozinhar.

Entre outras obras, é autor de *Cozinhar — Uma história natural da transformação*, *Em defesa da comida — Um manifesto* e *O dilema do onívoro*.

1. Antes da parte constituída por perguntas e respostas, o texto apresenta uma introdução, que começa com a afirmação: "No início, era o churrasco".

a) Qual é o papel dessa introdução, na entrevista?

b) A frase "No início, era o churrasco" estabelece um paralelo com a conhecida frase bíblica "No princípio, era o verbo", que remete à criação do mundo. Qual é o sentido da frase "No início, era o churrasco", considerando-se a história da alimentação humana?

c) Depois do churrasco, quais foram as outras fases da alimentação humana, segundo o texto?

2. O jornalista Michael Pollan estabelece uma relação entre a alimentação e o desenvolvimento da espécie humana. De acordo com o texto:

a) Por que o cérebro humano aumentou de tamanho?

b) Além do aumento de tamanho do cérebro, que outro benefício o uso do fogo para cozinhar proporcionou ao ser humano?

_____
_____
_____
_____

3. Segundo Michael Pollan, há uma relação direta entre obesidade e comida industrializada.

a) Como se dá essa relação?

_____
_____
_____
_____
_____

b) Por que ingerir comida industrializada influi nas relações familiares?

_____
_____
_____
_____
_____

4. Quando lhe perguntaram se cozinhar é um ato político, Michael Pollan respondeu:

> "[Cozinhar] É um jeito de retomar o controle da sua dieta, que hoje está com as corporações."

a) O jornalista considera cozinhar um ato político? Que trecho do texto serve de argumento para ele justificar sua opinião?

_____
_____
_____
_____

b) Por que, segundo o jornalista, quem cozinha acaba interferindo na engrenagem político-econômica de um país e até no meio ambiente?

5. O entrevistador observa que, enquanto o número de pessoas que cozinham tem diminuído, o número de fotos de comida tem aumentado nas redes sociais. Como Pollan explica essa contradição?

6. Na resposta à última pergunta, Michael Pollan afirma:

> "No livro *Regras da Comida*, eu digo que você pode comer toda a *junk food* que puder cozinhar."

a) Se a comida do tipo *junk food* tem baixo valor nutritivo e é muito calórica, por que o autor faz essa afirmação?

b) Considerando-se que a comida que muitas avós e bisavós faziam continha farinha refinada e açúcar, o que justifica a afirmação de que, no passado, se comia melhor do que hoje?

Palavras em contexto

1 No trecho "A vida familiar se torna mais difusa", o sentido da palavra **difusa** é:

a) indefinida.

b) difícil.

c) entediante.

d) intensa.

2 Na resposta à penúltima pergunta da entrevista, Pollan afirma: "A indústria prefere assim, pois pode fazer por nós". Volte ao texto e responda: A que se refere a palavra **assim**?

_____

_____

_____

3 Observe este trecho do texto:

> "É um jeito de retomar o controle da **sua** dieta [...]
> Quando **você** cozinha, **você** tem influência na agricultura.
> **Você** vota, com seu garfo, pelo local ou pelo global [...]."

a) No trecho, as palavras **sua** e **você**, pronomes de 3ª pessoa, referem-se ao entrevistador ou a outra(s) pessoa(s)? Justifique sua resposta.

_____

_____

b) Identifique no texto outra situação em que se verifica o uso desses pronomes de modo semelhante ao observado no trecho citado.

_____

Texto e intertexto

Leia o texto:

O que é fermento natural e qual sua vantagem sobre o industrializado

Quando você começa a fazer pão caseiro, em algum momento vai se deparar com o fermento natural. Conheça o poder dessas incríveis leveduras selvagens.

O fermento natural é conhecido por diversos nomes: levain (fermento em francês, se pronuncia "levãn"), sourdough starter (inglês), lievito naturale ou pasta madre (italiano), masa madre (espanhol), massa lêveda (Portugal) ou massa azeda. Um pão com esse fermento leva mais tempo para ser feito, possui um aspecto rústico, uma casca crocante, um miolo cheio de alvéolos irregulares e um sabor levemente azedo e incomparável.

Já falamos aqui sobre a levedura *Saccharomyces cerevisiae* e os tipos de fermentos biológicos industrializados. Pois o fermento natural é a mesma levedura em seu estado selvagem, combinado com lactobacilos que mantêm a acidez e evitam que outras bactérias indesejadas se desenvolvam.

Origem do fermento natural

A fermentação natural está longe de ser uma novidade, é um processo utilizado desde a produção dos primeiros pães. O registro mais antigo é de 3.700 a.C., mas sua origem provavelmente está relacionada com o início da agricultura. Foi somente nos últimos 150 anos que o fermento industrializado foi desenvolvido e logo passou a ser amplamente empregado na produção de pães.

Fermento natural, também conhecido como *levain*.

Como fazer o fermento natural

Para produzir o fermento natural temos que misturar farinha de trigo com água e deixar a natureza fazer seu trabalho de reprodução dos microrganismos. Devemos adicionar farinha e água diariamente durante 7 a 10 dias. Alguns métodos utilizam frutas (abacaxi, maçã ou uva), iogurte ou mel para potencializar a fermentação. Veja como fazer fermento natural nessa videoaula do Luiz Américo Camargo.

Fazer um pão com fermento natural leva mais do que o dobro do tempo de um pão com fermento industrializado, mas garanto que vale a pena. Veja minha receita básica de pão com fermentação natural. Para quem está começando na panificação, sugiro começar com uma receita de pão tradicional com fermento industrializado e depois partir para a fermentação natural.

Benefícios do pão com fermento natural

Caso você ainda não esteja convencido de se aventurar nesse mundo, aqui vão algumas vantagens do pão com fermento natural:
- Seu sabor é incomparável ao do pão tradicional;
- Possui um índice glicêmico mais baixo do que outros pães;
- Sua digestão é mais fácil, até mesmo para aqueles que são sensíveis ao glúten, devido a sua fermentação mais lenta;
- Pode ser armazenado por mais tempo, pois o ácido acético que inibe o crescimento de bolor é produzido na fabricação de fermento;
- Aumenta o teor de bactérias benéficas no intestino;
- Possui uma série de nutrientes devido à complexidade de sua composição.

(Adriano Ribeiro. Disponível em: https://amopaocaseiro.com.br/fermento-natural/. Acesso em: 22/12/2020.)

1 O texto compara o fermento natural ao fermento industrializado.

a) Qual é o primeiro registro do fermento natural?

___

b) Qual é a diferença entre o fermento natural e os biológicos industrializados?

___

Pães de fermentação natural.

2 Releia o trecho:

> "Quando você começa a fazer pão caseiro, em algum momento vai se deparar com o fermento natural. Conheça o poder dessas incríveis leveduras selvagens."

a) A quem o texto se dirige?

___

b) Qual é a finalidade principal do texto?

___

c) Que palavra demonstra o entusiasmo do autor pela fermentação natural?

___

3 O texto apresenta alguns dados objetivos e também algumas opiniões. Pode-se considerar opinião:

a) "O registro mais antigo é de 3700 a.C."

b) "Possui um índice glicêmico mais baixo do que outros pães"

c) "Aumenta o teor de bactérias benéficas no intestino"

d) "mas garanto que vale a pena"

4 O texto é estruturado em quatro partes. Qual é o papel dessa organização?

_____

_____

5 Releia o trecho:

> "Caso você ainda não esteja convencido de se aventurar nesse mundo, aqui vão algumas vantagens do pão com fermento natural:"

a) Que palavra desse trecho apresenta o sentido de **argumentos** em favor da fermentação natural?

_____

b) Que trecho do texto dá uma conotação de dúvida sobre a adesão do leitor à fermentação natural?

_____

6 No texto, há vários *hyperlinks*. Qual é a função deles no contexto? Explique.

_____

_____

_____

_____

7 Compare a entrevista de Michael Pollan com o texto de Adriano Ribeiro. O que há em comum entre eles?

_____

_____

_____

_____

_____

Exercícios

Leia o texto a seguir e responda às questões 1 e 2.

Extinção de polinizadores ameaça agricultura

Quando foi a última vez que você foi picado por uma abelha? Guarde bem essa cena, porque ela pode ser cada vez mais rara. Segundo um relatório publicado recentemente pelas Nações Unidas, 40% dos animais polinizadores invertebrados e 16% dos vertebrados estão ameaçados de extinção. As mudanças climáticas, as mutações nos solos e o uso de pesticidas são as principais causas do crescente sumiço das abelhas, borboletas, vespas, morcegos e mariposas. E os efeitos do declínio nas populações de polinizadores serão muito mais doídos que uma picada de abelha para as indústrias de alimentos que dependem desses animais e geram US$ 577 bilhões por ano.

(*Superinteressante*, n. 359, p. 13.)

HeatherJane/Shutterstock

O QUE É POLINIZAÇÃO?

A polinização é o processo que garante a produção de frutos e sementes e a reprodução de diversas plantas, sendo um dos principais mecanismos de manutenção e promoção da biodiversidade na Terra. Para que ela ocorra, entram em ação os polinizadores, que são animais como abelhas, vespas, borboletas, pássaros, pequenos mamíferos e morcegos, responsáveis pela transferência do pólen entre as flores masculinas e femininas. Em alguns casos, também o vento e a chuva cumprem esse processo.

[...]

(Disponível em: www.semabelhasemalimento.com.br/home/polinizacao/. Acesso em: 22/12/2020.)

1. De acordo com o texto, a principal consequência do desaparecimento de animais polinizadores é:

   a) a poluição do meio ambiente.

   b) o desaparecimento de abelhas, borboletas e vespas.

   c) as mudanças climáticas, as mutações no solo e o uso de pesticidas.

   d) o declínio na produção de certos alimentos.

2. No trecho "E os efeitos [...] serão muito mais doídos que uma picada de abelha para as indústrias de alimentos", a linguagem figurada, no contexto, refere-se:

   a) à dor que uma pessoa sente quando leva uma picada.

   b) às mudanças climáticas, que fazem a população sofrer.

   c) aos prejuízos que certos setores da indústria vão sofrer.

   d) ao prejuízo ambiental provocado pela extinção de polinizadores.

   Leia o texto a seguir e responda às questões 3 e 4.

(Alexandre Beck. Disponível em: https://tirasarmandinho.tumblr.com/. Acesso em: 22/12/2020.)

3. Na tira de Armandinho, depreende-se:

   a) uma restrição à comida orgânica.

   b) que criança adora comer brócolis.

   c) uma visão crítica em relação às indústrias de alimentos, agrotóxicos e remédios.

   d) uma visão crítica a políticas ambientais que vêm provocando desemprego no campo.

4. O humor da tira está no fato de Armandinho:

   a) pedir para comer brócolis.

   b) brincar com a mãe sobre causar desemprego nas indústrias de alimentos, agrotóxicos e remédios.

   c) ironizar sobre a proposta aparentemente ecológica de comer "comida orgânica e saudável", que causa um problema social.

   d) não entender o que é comida orgânica.

O texto a seguir foi veiculado na internet. Leia-o e, depois, responda às questões 5 a 7.

1 – Se caminhar fosse saudável, o carteiro seria imortal.

2 – A baleia nada o dia inteiro, só come peixe, só bebe água e é gorda.

3 – O coelho corre e pula e vive só 15 anos.

4 – A tartaruga não corre, não faz nada... e vive 450 anos.

Conclusão: danem-se o exercício e a dieta!!!

5. O humor do texto reside em uma falsa conclusão, extraída de:

a) informações erradas, apesar de coerentes.

b) informações verdadeiras, mas apenas parcialmente coerentes.

c) informações verdadeiras, mas utilizadas sem critérios coerentes.

d) informações que parecem verdadeiras, mas são falsas.

6. A finalidade do texto é:

a) gerar reflexão sobre dietas.

b) confundir o leitor quanto a dieta e exercícios.

c) gerar comicidade.

d) estimular o leitor a não fazer ginástica e exercícios.

7. As informações veiculadas pelo texto:

a) são baseadas em fatos e observações sobre comportamento humano e animal.

b) expressam opiniões de especialistas em dietas.

c) baseiam-se em fatos observados por profissionais da área de Educação Física.

d) expressam opiniões que não têm fundamentação científica.

Leia os textos a seguir e responda às questões 8 a 13.

Texto 1

Vantagens da alimentação orgânica

Uma alimentação balanceada é importante em qualquer fase da vida, pois é a garantia de uma vida saudável. Entretanto, precisamos ficar atentos aos alimentos que colocamos em nosso prato, pois muitos deles fazem mal à nossa saúde e ao meio ambiente, devido à quantidade de agrotóxicos que eles possuem.

Esses itens podem causar problemas digestivos, doenças neurológicas e degenerativas, como mal de Parkinson e Alzheimer, inflamações, infertilidade, câncer, entre outras. Para fugir dos agrotóxicos, uma opção é aderir aos alimentos orgânicos. "Eles cuidam do solo, da água, do meio ambiente e da saúde de quem os produz e consome", afirma Tânia Rabello, especialista em agricultura e editora do "Portal Orgânico".

Os produtos orgânicos são cultivados sem o uso de adubos sintéticos — principalmente nitrogênio, fósforo e potássio — e sem o uso de agrotóxicos. A produção trata a propriedade rural como um organismo vivo, ou seja, cuida de todo o meio ambiente no entorno sem poluir mananciais e o solo e sem provocar erosão. "Orgânicos são cultivados em solos equilibrados e ricos em nutrientes. Isso beneficia a planta e, consequentemente, quem a consome", garante Tânia.

Já os alimentos hidropônicos são aqueles cultivados em estufas e recebem adubos químicos dissolvidos que poluem a água com os resíduos do cultivo, principalmente com nitritos. "Essas substâncias provocam aumento do risco de câncer", explica a especialista.

Segundo levantamento da Anvisa, os alimentos convencionais mais contaminados por agrotóxicos são o pimentão (92%), morango (64%), pepino (58%), alface (54%), abacaxi (33%), couve (32%), mamão (30%) e tomate (16%). E mesmo na lavagem com cloro ou vinagre para higienizar as verduras, frutas e legumes o agrotóxico não sai dos alimentos.

A especialista ressalta que o principal erro dos supermercados é expor alimentos orgânicos e hidropônicos lado a lado nas prateleiras, como se eles fossem iguais. [...]

Para saber se o produto que você está levando para casa é realmente orgânico, fique atento se o mesmo possui o selo brasileiro determinado pela Lei dos Orgânicos ou pela declaração do produtor orgânico familiar. E não se deixe enganar! Nem todo alimento produzido sem agrotóxico é orgânico.

"Ele pode ser cultivado sem o uso de agrotóxico, mas se for usado adubo sintético deixa de ser orgânico", informa Tânia. "Para ser considerado orgânico, há diversas regras que o produtor rural precisa seguir e que vão além do não uso de adubos químicos e agrotóxicos. Alguns exemplos são o respeito ao meio ambiente, à legislação ambiental, condições dignas de trabalho, entre outras", completa. Alimentos orgânicos fazem bem à saúde por serem mais completos nutricionalmente, mais saborosos e ricos em alguns minerais, como ferro, selênio e potássio, do que os convencionais. "Eles são benéficos à saúde também de quem os produz e manipula, por não haver risco de intoxicação nos alimentos orgânicos", lembra Tânia Rabello.

Nos supermercados já é possível encontrar uma grande variedade de alimentos orgânicos. Quanto menos aditivos químicos você consumir, melhor será a sua qualidade de vida!

(Disponível em: http://www.maisequilibrio.com.br/saude/vantagens-da-alimentacao-organica-4347.html. Acesso em: 15/10/2020.)

Texto 2

Vantagens e desvantagens dos alimentos orgânicos

Os alimentos orgânicos são cultivados sem fertilizantes, agrotóxicos ou pesticidas. Só com esta informação, já podemos imaginar que ele é melhor para nosso organismo. Mas quais as vantagens e desvantagens desses alimentos? Confira, abaixo!

Vantagens

- São produtos limpos, saudáveis e seu cultivo é feito em um sistema que respeita a natureza, a preservação dos recursos naturais e os próprios alimentos.
- Os orgânicos são mais saborosos. Por não usarem produtos agrotóxicos na sua produção, seu sabor e aroma são mais reais e intensos, além de serem mais nutritivos.

- São mais do que simples alimentos sem agrotóxicos. Eles respeitam, através de sua produção, o uso equilibrado do solo e os recursos naturais como água, plantas, animais e insetos, conservando-os a longo prazo.
- Os produtos de origem animal, como carnes, leite e ovos também podem ser orgânicos. São chamados assim quando o uso de antibióticos é evitado e não existe a utilização de hormônios de crescimento.
- Os produtos orgânicos devem ser certificados com um selo de certificação, fornecido pelas Associações independentes de agricultura orgânica. O selo de certificação é a garantia do consumidor de estar adquirindo produtos mais saudáveis e isentos de qualquer resíduo tóxico.

Desvantagens

- A aparência desses alimentos não é tão boa quanto a dos alimentos convencionais, devido à cultivação ser [feita] de forma natural, e geralmente os alimentos tendem a serem menores, com cores menos chamativas. As cascas podem apresentar manchas devido aos ataques de insetos.
- Os alimentos orgânicos são um pouco mais caros que os convencionais. O custo é devido a vários fatores como o tipo de produção, o tamanho da área cultivada (os alimentos são produzidos em menor escala) e o custo da mão de obra. Ou seja, o custo total pode ser até 40% mais caro que na agricultura tradicional. Por isso, paga-se mais para comprar alimentos orgânicos.

(Disponível em: https://www.portalamirt.com.br/manhuacu-news/alimentos-organicos-vantagens-e-desvantagens/#:~:text=S%C3%A3o%20produtos%20limpos%2C%20saud%C3%A1veis%20e,naturais%20e%20os%20pr%C3%B3prios%20alimentos.&text=Eles%20respeitam%2C%20atrav%C3%A9s%20de%20sua,conservando%2Dos%20a%20longo%20prazo. Acesso em: 15/10/2020.)

8. Em relação ao texto 1, considere as seguintes afirmações:

I. Produtos orgânicos e hidropônicos são cultivados sem adubos químicos e sem agrotóxicos.

II. Todo alimento produzido sem agrotóxico é orgânico.

III. Alimentos hidropônicos cultivados em estufas recebem adubos químicos dissolvidos, que poluem a água e podem provocar doenças nas pessoas.

IV. Alimentos cultivados com adubo sintético são considerados orgânicos.

V. A garantia de que um alimento é orgânico está no selo da Lei dos Orgânicos ou é dada pela declaração do produtor orgânico familiar.

De acordo com o texto, estão corretas as afirmações:

a) I, II e IV.
b) II, III e V.
c) III e V.
d) I, III e IV.

9. A conclusão do autor do texto 1 é:

a) O consumo de produtos convencionais não faz mal à saúde.
b) O consumo de produtos orgânicos faz bem para as pessoas e para o meio ambiente.
c) O consumo de produtos orgânicos e hidropônicos faz bem às pessoas e ao meio ambiente.
d) O consumo de produtos convencionais e orgânicos faz bem à saúde das pessoas e auxilia na preservação do meio ambiente.

10. Tanto o texto 1 quanto o texto 2 concordam em que:

a) a produção dos alimentos orgânicos respeita os recursos naturais e faz uso equilibrado do solo.
b) alimentos orgânicos e hidropônicos são melhores para a saúde.
c) alimentos orgânicos são mais caros e menos atraentes visualmente.
d) a produção de alimentos hidropônicos respeita os recursos naturais.

11. Em relação às desvantagens apresentadas pelo texto 2, pode-se considerar que elas expressam:

a) uma opinião, pois houve uma generalização, já que nem sempre o orgânico é mais caro e menos atraente.
b) um fato, pois todos os alimentos orgânicos são extremamente caros.
c) um fato, pois os alimentos orgânicos são produzidos em larga escala, para os supermercados.
d) uma opinião, pois os alimentos orgânicos não apresentam manchas por ataque de insetos.

12. Os dois textos abordam:

a) o custo maior do produto orgânico devido a fatores como o tipo de produção e o tamanho da área cultivada.
b) o caráter saudável dos alimentos e a forma de cultivo que respeita e preserva os recursos naturais.
c) a aparência imperfeita dos alimentos orgânicos, por não usarem agrotóxicos.
d) a exposição, nos supermercados, de produtos orgânicos e hidropônicos, já que são produtos semelhantes na forma de produção.

13. De acordo com os dois textos, para ter certeza de que se está comprando um produto orgânico, é necessário que ele:

   a) esteja na mesma prateleira dos hidropônicos, no supermercado.

   b) seja 40% mais caro que os produtos convencionais.

   c) esteja certificado pelo selo da Lei dos Orgânicos.

   d) seja menor e menos atraente que os produtos convencionais.

Leia o texto seguinte e responda às questões 14 a 18.

Aprenda a interpretar o rótulo dos alimentos

Para muitas pessoas, a interpretação das informações contidas nos rótulos de alimentos e bebidas parece desnecessária e complicada, mas a leitura desses elementos é fundamental para a identificação e fiscalização dos mais diversos itens do nosso cardápio. "O rótulo é a identidade do produto. É importante tanto para controlar os fabricantes como também para dar aos consumidores a oportunidade de escolher melhor suas refeições e cuidar da saúde", explica Erika Raquel Ferreira, nutricionista e orientadora de cursos no Senac em Minas.

A especialista recomenda os seguintes passos para entender o significado dos elementos presentes nas embalagens:

1. Observe o valor calórico (ou energético), baseado nas porções indicadas para o consumo de cada alimento.

2. Fique atento à porcentagem de valor diário (%VD), que indica a quantidade de energia (caloria) e de nutrientes que o alimento apresenta em relação a uma dieta saudável.

3. Verifique todos os itens, lembrando que eles aparecem sempre em ordem decrescente, ou seja, o primeiro nutriente da lista é o que está presente em maior quantidade no produto.

4. Confira se a composição está de acordo com a dieta recomendada por seu nutricionista.

INFORMAÇÃO NUTRICIONAL
Porção de 30 mL (3 colheres de sopa)

Quantidade por porção		%VD (*)
Valor energético	25kcal ou 106kJ	1%
Carboidrato	79,0g	26%
Proteínas	0	0%
Gorduras totais	0	0%
Gorduras saturadas	ND	ND
Gorduras trans	ND	ND
Fibra alimentar	1g	4%
Sódio	0	0%

% Valores Diários de referência com base em uma dieta de 2.000Kcal, ou 8400KJ. Seus valores diários podem ser maiores ou menores dependendo de suas necessidades energéticas.
ND = Não disponível

INGREDIENTES:
Extrato de Própolis (Álcool, Própolis e Água).
NÃO CONTÉM GLÚTEN

Extrato seco: mínimo de 11%

Fonte: Anvisa

Algumas curiosidades

- **Outros cuidados.** Além da lista de ingredientes, o rótulo deve sempre indicar quantidades, prazo de validade, informação nutricional, nome e endereço do fabricante, número do Serviço de Inspeção Federal (SIF), método de conservação, entre outros dados de segurança.

- **Além do açúcar...** Um dos principais vilões dos alimentos industrializados, o açúcar pode aparecer camuflado na embalagem com nomes como glicose de milho, xarope de glicose, xarope de milho ou glicose.

- **Diet ou light?** Para ser light ocorre a redução parcial do produto, a partir de 25%, em relação ao produto original. Já o produto diet precisa da suspensão total de um determinado ingrediente da composição original do alimento.
- **Fique de olho no sódio!** O consumidor também tem que estar atento à quantidade de sódio presente na composição dos produtos. Deve ser consumido com moderação, uma vez que o consumo excessivo pode levar ao aumento da pressão arterial.
- **Atenção ao Glutamato monossódico.** Usado para realçar o sabor dos alimentos, o elemento causa diminuição do paladar ao longo do tempo. Esse corante é um grande vilão na alimentação de crianças, pois aumenta o risco de desenvolver alergias e pode causar Transtorno do Déficit de Atenção com Hiperatividade (TDAH). É facilmente encontrado em salgadinhos tipo "chips".
- **É lei!** A rotulagem nutricional tornou-se obrigatória desde 2001 por resolução publicada pela Agência Nacional de Vigilância Sanitária (Anvisa).

(Disponível em: http://www.aprendinosenac.com.br/rotulos-alimentares/. Acesso em: 25/10/2020.)

14. As informações contidas no rótulo dos produtos são um meio importante para:

a) indicar produtos tóxicos para o consumidor.

b) diferenciar produtos controlados de não controlados.

c) fiscalizar e controlar os produtos, proporcionando segurança ao consumidor.

d) alertar a Agência Nacional de Vigilância Sanitária quanto aos produtos pouco saudáveis vendidos em supermercados.

15. O composto glutamato monossódico usado em salgadinhos pode causar:

a) aumento da pressão arterial.

b) realce do sabor dos alimentos *diet*.

c) diminuição de alergias e pressão arterial.

d) diminuição do paladar, alergias e Transtorno do Déficit de Atenção com Hiperatividade (TDAH).

16. Pode-se deduzir que pessoas com pressão alta devem evitar:

a) o uso excessivo de sódio, presente em vários alimentos.

b) alimentos *diet*, ricos em sódio.

c) alimentos *light*, que apresentam baixas calorias.

d) alimentos que contêm açúcares.

17. Veja as formas verbais empregadas na 1ª parte do texto, como aprenda, observe, fique (atento), verifique e confira. É correto afirmar sobre elas que:

a) estão no modo indicativo, como meio de expressar certeza em relação ao que é sugerido ao leitor.

b) são formas do modo imperativo, pois expressam o desejo ou a esperança de que o leitor passe a se interessar mais pelos rótulos e pelas embalagens.

c) são formas do imperativo que expressam a ideia de recomendação ou ordem, como é próprio dos textos instrucionais.

d) estão no presente do indicativo, pois referem-se a fatos que ocorrem no presente e são do interesse de todos.

18. A parte intitulada "Algumas curiosidades":

a) mantém o tom da parte anterior, expressando a esperança de que o leitor se interesse por alimentação saudável.

b) tem caráter complementar, por isso abandona o modo verbal empregado na 1ª parte, uma vez que as orientações principais já foram dadas.

c) assume um caráter instrucional, ensinando o consumidor a examinar criticamente os rótulos e a se defender perante os órgãos públicos.

d) apresenta conhecimento de origem popular, sem fundamentação científica.

Capítulo 2

Brasil de contrastes

De um lado, carros de luxo, joias, mansões, iates, restaurantes sofisticados. De outro, barracos, favelas, ônibus e trens lotados, fome... Quem nunca se incomodou com os contrastes da realidade brasileira?

Leia a crônica a seguir, de Fernando Sabino, e responda às questões propostas.

Piscina

Era uma esplêndida residência, na Lagoa Rodrigo de Freitas, cercada de jardins e tendo ao lado uma bela piscina. Pena que a favela, com seus barracos grotescos se alastrando pela encosta do morro, comprometesse tanto a paisagem.

Diariamente desfilavam diante do portão aquelas mulheres silenciosas e magras, lata d'água na cabeça. De vez em quando surgia sobre a grade a carinha de uma criança, olhos grandes e atentos, espiando o jardim. Outras vezes eram as próprias mulheres que se detinham e ficavam olhando.

Naquela manhã de sábado ele tomava seu gim-tônica no terraço, e a mulher um banho de sol, estirada de maiô à beira da piscina, quando perceberam que alguém os observava pelo portão entreaberto.

Era um ser encardido, cujos molambos em forma de saia não bastavam para defini-la como mulher. Segurava uma lata na mão, e estava parada, à espreita, silenciosa como um bicho. Por um instante as duas mulheres se olharam, separadas pela piscina.

David Martins/Arquivo da editora

De súbito pareceu à dona da casa que a estranha criatura se **esgueirava**, portão adentro, sem tirar dela os olhos. Ergueu-se um pouco, apoiando-se no cotovelo, e viu com terror que ela se aproximava lentamente: já transpusera o gramado, atingia a piscina, agachava-se junto à borda de azulejos, sempre a olhá-la, em desafio, e agora colhia água com a lata. Depois, sem uma palavra, iniciou uma cautelosa retirada, meio de lado, equilibrando a lata na cabeça — e em pouco sumia-se pelo portão.

Lá no terraço o marido, fascinado, assistiu a toda a cena. Não durou mais de um ou dois minutos, mas lhe pareceu **sinistra** como os instantes tensos de silêncio e de paz que antecedem um combate.

Não teve dúvida: na semana seguinte vendeu a casa.

(*A mulher do vizinho*. 5. ed. Rio de Janeiro: Sabiá, 1962. p. 114-115.)

esgueirar: sair ou se afastar cautelosamente, sem dar na vista.

sinistro: que é presságio de desgraças; agourento, funesto.

QUEM É FERNANDO SABINO?

Fernando Sabino (1923–2004) nasceu em Belo Horizonte (MG) e já na adolescência escrevia crônicas e contos. Estudou Direito, mas se dedicou ao jornalismo, colaborando com jornais mineiros e cariocas.

Seu primeiro livro, *Os grilos não cantam mais* (contos), foi publicado em 1941. Escreveu, além de crônicas e contos, novelas e romances.

Entre suas obras mais importantes estão *O homem nu* (1960), *A mulher do vizinho* (1962), *O grande mentecapto* (1979) e *O menino no espelho* (1982).

1. As ações da crônica ocorrem em uma casa situada no Rio de Janeiro e no entorno dela.

   a) Como é a casa descrita pelo narrador?

   b) Deduza: Qual é o nível social dos moradores da casa?

   c) Na visão do narrador, o que atrapalhava a paisagem vista da casa?

2. No 2º parágrafo do texto, o narrador menciona um movimento de "mulheres silenciosas e magras" diante do portão da casa.

   a) Infira: De onde são essas mulheres?

   b) O que as mulheres fazem com suas latas de água?

   c) Deduza: Em que condições essas mulheres vivem?

d) Levante hipóteses: Por que as mulheres olhavam para dentro da casa?

_____
_____

3. Na manhã de um sábado, ocorre um fato inédito na casa.

a) Qual é esse fato?

_____
_____

b) Como é descrita no 4º parágrafo a mulher que entra pelo portão?

_____
_____

c) Releia este trecho:

> "Por um instante as duas mulheres se olharam, separadas pela piscina."

Considerando que o título da crônica é "Piscina", responda: O que a piscina representa nesse contexto?

_____
_____
_____

4. O clímax da história ocorre no 5º parágrafo, quando a mulher pobre adentra o portão da casa.

a) O que a dona da casa sente nesse momento? Justifique sua resposta com uma palavra ou expressão do texto.

_____
_____

b) A mulher pobre dirige-se à piscina e enche a lata com água, sempre olhando "em desafio" para a dona da casa. Levante hipóteses: O que a mulher pobre deve estar sentindo nesse momento?

_____
_____

c) Troque ideias com os colegas e o professor: Você acha que a mulher que entrou na casa seria capaz de ter uma atitude agressiva para com os moradores? Justifique sua resposta com elementos do texto.

5. Releia este trecho do texto:

> "Lá no terraço o marido, fascinado, assistiu a toda a cena. Não durou mais de um ou dois minutos, mas lhe pareceu sinistra como os instantes tensos de silêncio e de paz que antecedem um combate."

a) O marido, diante da situação, teve o mesmo sentimento que sua mulher? Justifique sua resposta.

b) A palavra **fascinado** é particípio do verbo **fascinar**, que apresenta mais de um sentido. Veja alguns deles:

- dominar com o olhar
- atrair, seduzir
- enfeitiçar
- encantar, causar deslumbramento

Qual é o sentido da palavra **fascinado** no contexto?

6. Ao marido, a cena "pareceu sinistra como os instantes tensos de silêncio e de paz que antecedem um combate".

a) Por que, para o marido, a situação lembrou os momentos que antecedem um combate?

b) Para o marido e para a esposa, o "combate" estava encerrado? Justifique sua resposta com elementos do texto.

7. A crônica foi publicada há cerca de sessenta anos. A impressão de "instantes tensos de silêncio e de paz que antecedem um combate" que o marido tem da cena aplica-se à situação atual do Brasil? É possível dizer que vivemos hoje momentos tensos de silêncio e de paz? Troque ideias com os colegas e o professor e justifique sua resposta com exemplos.

8. A crônica é um gênero textual que se caracteriza por transformar o relato de fatos comuns do cotidiano em pílulas de reflexão, crítica ou humor. A crônica "Piscina" confirma essa característica do gênero? Por quê?

9. Observe o cartum a seguir e relacione-o à crônica lida.

(Disponível em: https://chargesbenett.wordpress.com/2011/12/28/tudo-e-nada/. Acesso em: 28/10/2020.)

Na sua opinião, há semelhança entre o sentimento da mulher pobre da crônica e o da menina do cartum? Por quê? Troque ideias com os colegas e o professor sobre o assunto.

Palavras em contexto

1. A seleção vocabular é essencial para que o autor consiga produzir enunciados com o sentido que deseja. Observe, no 1º parágrafo da crônica lida, o modo como são caracterizadas a residência e a favela.

   a) Que palavras e expressões caracterizam a casa ou parte dela?

   b) E quais caracterizam a favela?

   c) Qual é a importância das descrições da casa e da favela para criar a tensão que se verifica na narrativa?

2 Observe as expressões empregadas para caracterizar a mulher pobre:

- ser encardido
- molambos em forma de saia
- à espreita
- silenciosa como um bicho
- estranha criatura
- em desafio

Que perfil de mulher esses elementos ajudam a compor?

_____
_____
_____

3 Observe que o último parágrafo da crônica é bastante curto e apresenta uma conclusão rápida e surpreendente. Considerando o detalhamento da cena anterior e o perfil das personagens, responda: Que efeito de sentido essa conclusão surpreendente cria no desfecho da narrativa?

_____
_____
_____

4 No cartum de Benett foi empregada a palavra **censo**, que significa o levantamento de dados a respeito de quantos são os brasileiros e como vivem, em todo o país. No entanto, há na língua também a palavra **senso**. Observe:

> Você está perdendo o **senso**: já não sabe o que diz...

A palavra destacada na frase acima apresenta o sentido de:

a) juízo   b) sensibilidade   c) emoção   d) visão

Texto e intertexto

Leia esta crônica, de Otto Lara Resende:

Vista cansada

Acho que foi o Hemingway quem disse que olhava cada coisa à sua volta como se a visse pela última vez. Pela última ou pela primeira vez? Pela primeira vez foi outro escritor quem disse. Essa ideia de olhar pela última vez tem algo de deprimente. Olhar de despedida, de quem não crê que a vida continua [...].

Se eu morrer, morre comigo um certo modo de ver, disse o poeta. Um poeta é só isto: um certo modo de ver. O diabo é que, de tanto ver, a gente banaliza olhar.

Vê não vendo. Experimente ver pela primeira vez o que você vê todo dia, sem ver. Parece fácil, mas não é. O que nos cerca, o que nos é familiar, já não desperta curiosidade. O campo visual da nossa rotina é como um vazio.

Você sai todo dia, por exemplo, pela mesma porta. Se alguém lhe perguntar o que é que você vê no seu caminho, você não sabe. De tanto ver, você não vê. Sei de um profissional que passou 32 anos a fio pelo mesmo hall do prédio do seu escritório. Lá estava sempre, pontualíssimo, o mesmo porteiro. Dava-lhe bom-dia e às vezes lhe passava um recado ou uma correspondência. Um dia o porteiro cometeu a descortesia de falecer.

Como era ele? Sua cara? Sua voz? Como se vestia? Não fazia a mínima ideia. Em 32 anos, nunca o viu. Para ser notado, o porteiro teve que morrer. Se um dia no seu lugar estivesse uma girafa, cumprindo o rito, pode ser também que ninguém desse por sua ausência. O hábito suja os olhos e lhes baixa a voltagem. Mas há sempre o que ver. Gente, coisas, bichos. E vemos? Não, não vemos.

Uma criança vê o que o adulto não vê. Tem olhos atentos e limpos para o espetáculo do mundo. O poeta é capaz de ver pela primeira vez o que, de fato, ninguém vê. Há pai que nunca viu o próprio filho. Marido que nunca viu a própria mulher, isso existe às pampas. Nossos olhos se gastam no dia a dia, opacos. É por aí que se instala no coração o monstro da indiferença.

(In: *Bom dia para nascer — Crônicas publicadas na Folha de S.Paulo*. Seleção e posfácio de Humberto Werneck. São Paulo: Companhia das Letras, 2011. p. 121.)

1 Logo no início da crônica, o narrador cita o escritor norte-americano Ernest Hemingway (1899-1961), afirmando que ele "olhava cada coisa à sua volta como se a visse pela última vez".

a) Por que, para o narrador, a ideia de olhar pela última vez é deprimente?

b) O narrador prefere a expressão **ver pela primeira vez**. Levante hipóteses: Para ele, como seria ver as coisas pela primeira vez?

2 A crônica "Vista cansada" tem um caráter argumentativo, isto é, nela o narrador apresenta uma ideia principal sobre o tema e a desenvolve com exemplos e argumentos.

a) Qual é a ideia que o narrador apresenta a respeito do olhar e do ver?

b) Que exemplo o narrador utiliza no 3º e no 4º parágrafos para fundamentar a ideia principal?

c) Para o narrador, qual é a causa de olharmos, mas não vermos? Identifique no 4º parágrafo uma frase que justifique sua resposta.

d) Conclua: O título da crônica é coerente com as ideias apresentadas nela? Por quê?

3 No texto, o narrador aproxima o poeta e a criança e os diferencia do adulto comum. O que eles têm em comum e de especial?

4 O narrador reflete sobre a incapacidade que temos de ver propriamente as coisas. Como ele se considera: um adulto normal, um poeta ou uma criança? Justifique sua resposta com um trecho do texto.

5 O narrador conclui seu texto atribuindo a origem do "monstro da indiferença" à nossa incapacidade de ver.

a) Que exemplos de manifestação desse monstro ele cita?

b) Levante hipóteses: O que esse monstro causa nas relações familiares?

6 A crônica "Vista cansada" termina com a frase: "Nossos olhos se gastam no dia a dia, opacos. É por aí que se instala no coração o monstro da indiferença". Troque ideias com os colegas e o professor sobre a seguinte questão: De que forma podemos combater o monstro da indiferença e reaprender a ver o mundo com olhos livres?

7 Compare a crônica "Piscina", de Fernando Sabino, à crônica "Vista cansada", de Otto Lara Resende. Que semelhança elas apresentam?

Exercícios

Leia os textos a seguir e responda às questões 1 a 5.

Texto 1

(*Folha de S.Paulo*, 15/10/2011.)

Texto 2

Os ben$ que os políticos fazem

BRASÍLIA — No imaginário popular, político brasileiro é rico. Ou entra na política para ficar rico. O noticiário recente só confirma essa percepção. A rapidez e a forma fácil do enriquecimento estão ilustradas no livro "Os ben$ que os políticos fazem", da Editora Leya, que reúne histórias de dez parlamentares de diferentes pontos do país que amealharam de forma suspeita, segundo denúncias formalizadas, mais de R$ 1 milhão entre uma campanha eleitoral e outra.

O livro, que será lançado nesta quinta-feira em Brasília, é fruto de um ano e meio de trabalho do jornalista Chico de Gois, da sucursal do GLOBO na capital. A ideia do livro surgiu depois de reportagem publicada no jornal ano passado, durante a CPI do Cachoeira, em que demonstrava que o governador [...], de Goiás, havia aumentado em cinco vezes seu patrimônio declarado desde que entrara para a política.

A partir da encomenda da editora, o autor analisou aproximadamente dez mil declarações de bens apresentados pelos políticos à Justiça Eleitoral quando se candidataram. Com base nessa lista, fez um corte para os que amealharam mais de R$ 1 milhão entre uma campanha e outra. Deputados e senadores que já eram milionários foram deixados à parte. O livro descreve dez personagens que estão no exercício do poder e mais três filhos de políticos, na faixa dos 20 anos, que, embora os pais estejam há muito tempo em atividade, possuem patrimônios superiores aos pais.

[...]

(Disponível em: https://www.gazetadopovo.com.br/vida-publica/livro-mostra-como-politicos-enriquecem-3kiilly36uuyt1yq9c55wbo7i/. Disponível em: 28/10/2020.)

1. O que aproxima os dois textos é:

   a) a busca de uma carreira profissional.

   b) a transmissão de bens entre familiares.

   c) o papel dos políticos na sociedade.

   d) a relação entre carreira política e enriquecimento.

2. Sem alteração de sentido, os enunciados do 1º e do 2º quadrinho da tira poderiam ser ligados por meio da conjunção _____, que tem o sentido de _____.

   As palavras que completam adequadamente a afirmação acima são, respectivamente:

   a) mas — oposição

   b) pois — explicação

   c) quando — tempo

   d) desde que — condição

3. Na tira, o humor se concentra no último quadrinho, porque:

   a) Hagar se mostra um pai desajeitado e divertido ao planejar o futuro do filho.

   b) o filho se mostra calado diante das reflexões sobre o seu futuro feitas pelo pai.

   c) os argumentos apresentados por Hagar nesse quadrinho parecem ser mais fortes do que os que ele menciona no quadrinho anterior.

   d) embora Hagar não queira deixar transparecer, ele entende que a carreira política deve trazer, além de retorno financeiro, muitas realizações no plano ideológico e social.

4. De acordo com o texto 2, os dados da pesquisa publicados no livro *Os ben$ que os políticos fazem*:

   a) confirmam e reforçam o imaginário popular mencionado no início do texto.

   b) contrapõem-se à visão com que o tema é abordado na tira de Dik Browne.

   c) confirmam a ideia de que muitos políticos trabalham desinteressadamente para o bem do povo.

   d) expressam a visão preconceituosa a respeito do enriquecimento de políticos adotada pelo autor da pesquisa.

5. O título "Os ben$ que os políticos fazem", dado ao texto:

   a) sugere que a obra comentada trata da riqueza que os políticos acumulam.

   b) sugere que a obra comentada trata dos benefícios proporcionados à maioria das pessoas pelas iniciativas dos políticos.

   c) é ambíguo, pois sugere tanto o bem que os políticos fazem ou deveriam fazer à sociedade como os bens que eles acumulam.

   d) ironiza a ingenuidade das pessoas que acreditam na luta por justiça e pelo bem do povo prometida por certos políticos.

Leia os textos a seguir e responda às questões 6 e 7.

Texto 1

Menor abandonado

são tantos menores
abandonados pelas calçadas
que um dia os maiores
acabam tropeçando neles
e param de fingir
que ainda não notaram.

(Ulisses Tavares. *Viva a poesia viva*. São Paulo: Saraiva. p. 59.)

Texto 2

6. Sobre os textos, é correto afirmar que:

a) ambos abordam o tema do trabalho infantil: o texto 1 dando ênfase à indiferença; o texto 2, à violência contra o menor.

b) ambos abordam o tema da violência policial contra o menor.

c) ambos abordam o tema do menor abandonado e sugerem que esse abandono resulta da falta de uma política de controle da natalidade.

d) ambos abordam o tema do menor abandonado: o texto 1, dando ênfase à indiferença; o texto 2, à violência física.

7. O trabalho infantil retratado no texto 2 pode ser considerado uma consequência:

a) da pobreza e de certo descuido com a educação da criança.

b) da triste realidade enfrentada pelas crianças que vivem em cidades grandes.

c) da violência policial nas grandes cidades.

d) da falta de mão de obra nas cidades.

Leia o texto a seguir e responda às questões 8 a 11.

O que pensa a população

O drama das calçadas foi tema de uma enquete do programa Conexão Senado, da Rádio Senado, do dia 28 de novembro. Ouvintes se manifestaram sobre as condições dos passeios em seus estados.

— Só tem calçada em bairro nobre, e nas periferias calçada é luxo — disse Paulo Xavier, de Recife.

Geraldo Junior, de Natal, onde a Lei Municipal 275/2009 atribui ao particular que detenha imóvel junto à calçada a responsabilidade pela sua execução e manutenção, reclamou da irregularidade desses equipamentos:

— As calçadas de Natal, muitas vezes, parecem gráficos em barras, principalmente por causa de rampas de acesso para carros nas garagens, fazendo com que o pedestre sempre fique em segundo plano.

No Distrito Federal, Mario Bala usou de ironia ao manifestar sua opinião a respeito das condições para os pedestres na cidade de Ceilândia:

— Aqui as calçadas são cheias de carros e os pedestres têm que andar no asfalto. Eu acho até bom, eu já pago IPVA mesmo.

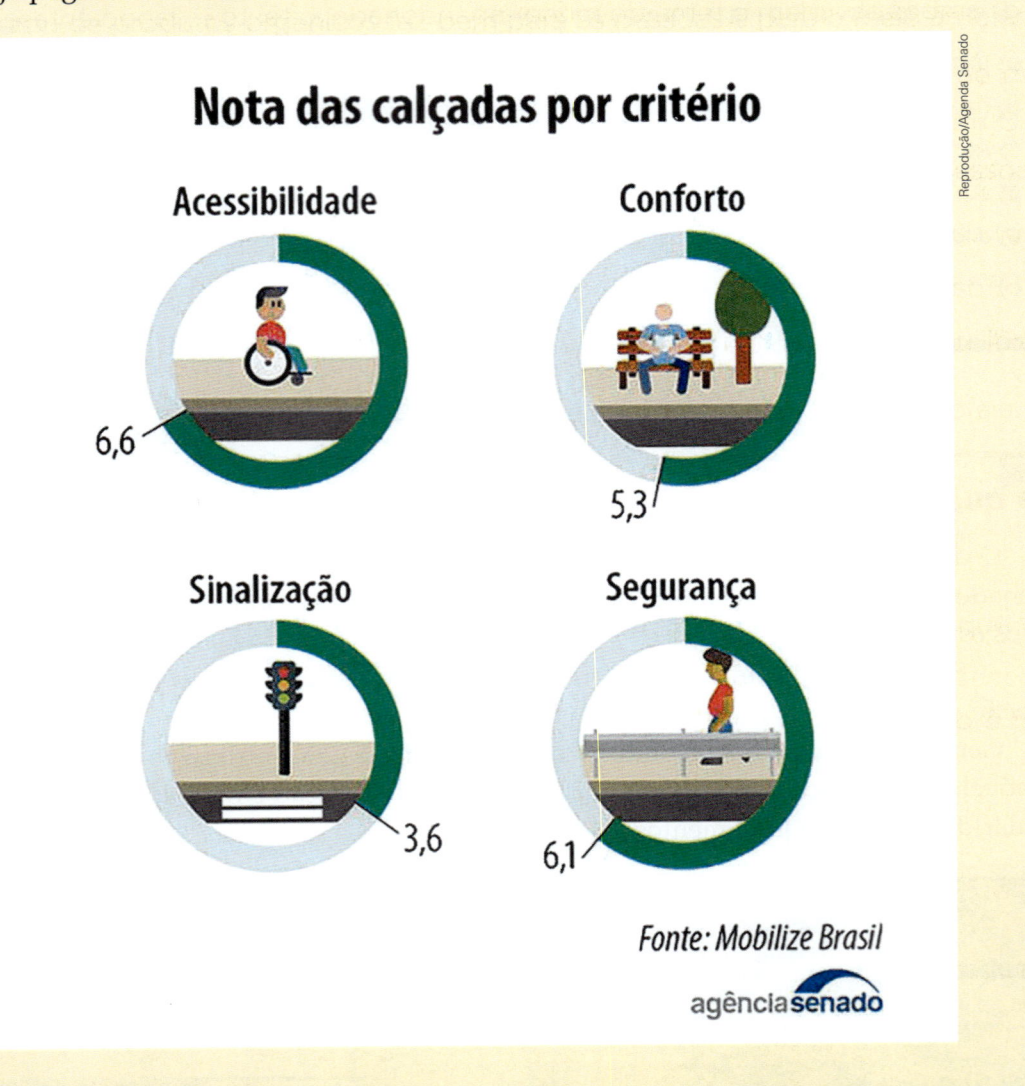

Nota das calçadas por critério

- Acessibilidade: 6,6
- Conforto: 5,3
- Sinalização: 3,6
- Segurança: 6,1

Fonte: Mobilize Brasil
agência senado

No relatório final da Campanha Calçadas do Brasil 2019, o avaliador da pior cidade no ranking Leonardo Grala falou sobre a situação calamitosa da capital que recebeu uma média de 4,52:

— Em Belém do Pará, as calçadas em geral são malcuidadas com pouca ou nenhuma regulamentação, e quanto mais afastado o bairro, mais precária é a qualidade do passeio público. Faltam faixas de segurança, aviso sonoro, semáforos de pedestres, além da total falta de placas com informações voltadas a quem está a pé.

Fonte: Agência Senado.
(Disponível em: https://www12.senado.leg.br/noticias/especiais/especial-cidadania/territorio-sem-dono-calcadas-brasileiras-revelam-negligencia-com-o-pedestre. Acesso em: 2/11/2020.)

8. Segundo os dados apontados pela notícia da Agência Senado, em alguns Estados:

   a) não há diferença entre calçadas de bairros mais ricos e de bairros mais pobres.
   b) calçadas não são necessárias, pois são consideradas luxo.
   c) há diferença entre calçadas de bairros mais ricos e de bairros mais pobres.
   d) na periferia as calçadas recebem constante manutenção.

9. No trecho "— Aqui as calçadas são cheias de carros e os pedestres têm que andar no asfalto. Eu acho até bom, eu já pago IPVA mesmo", a ironia a que se refere o autor do texto está:

   a) no fato de as calçadas serem cheias de carros.
   b) no fato de os pedestres andarem no asfalto.
   c) no fato de o entrevistado afirmar que acha bom andar no asfalto, pois paga IPVA.
   d) implícita, pois subentende-se que ele está satirizando a falta de calçadas apropriadas.

10. Segundo a opinião pública:

    a) o pedestre fica em segundo plano, pois as calçadas são muito ruins.
    b) há prioridade para as ruas, porque os pedestres também podem utilizá-las para locomoção.
    c) tanto as ruas quanto as calçadas são boas, na maioria das regiões.
    d) os carros e os pedestres têm que andar no asfalto, pois é mais seguro para todos.

11. Observe o quadro de notas dadas às calçadas. O principal problema das calçadas apontado pelos participantes da pesquisa é:

    a) segurança.   b) acessibilidade.   c) sinalização.   d) conforto.

Leia o texto a seguir e responda às questões 12 a 16.

Quase 40% dos alunos de escolas públicas não têm computador ou tablet em casa, aponta estudo

A pesquisa TIC Educação 2019, divulgada nesta terça-feira (9), aponta que **39% dos estudantes de escolas públicas urbanas não têm computador ou tablet em casa. Nas escolas particulares, o índice é de 9%**.

Os dados mostram o cenário em que a educação entrou na pandemia em 2020 e indicam possível desafio no ensino remoto, montado às pressas quando houve necessidade de fechamento das escolas para evitar a propagação do coronavírus.

Sem computadores e conexão à internet, é possível que os estudantes tenham dificuldade para acessar os conteúdos online, que têm substituído as aulas presenciais.

Outros destaques da pesquisa:

- **Conectividade:** 21% dos alunos de escolas públicas só acessam a internet pelo celular. Na rede privada, o índice é de 3%

- **Regiões:** o uso da internet exclusivamente pelo celular é maior no Norte (26%) e Nordeste (25%)
- **Plataformas virtuais:** 14% das escolas públicas (estaduais e municipais) tinham ambiente ou plataforma virtual de aprendizagem antes da pandemia
- **Aprendizagem online:** 16% dos estudantes da rede pública e privada declararam ter participado de cursos online e 24% fizeram simulados ou provas, o que pode indicar dificuldades atuais para acompanhar o ambiente virtual de aprendizagem. Quanto mais velho o aluno, maior o índice
- **Professores:** 53% dos docentes disseram que a ausência de curso específico para o uso do computador e da internet nas aulas dificulta muito o trabalho; para 26%, dificulta um pouco — a soma é de 79%
- **Interação:** entre 2016 e 2019, a porcentagem de instituições públicas urbanas cujos pais ou responsáveis utilizaram perfis ou páginas em redes sociais para interagir com a escola passou de 32% para 54%.

[...]

As aulas presenciais estão suspensas desde março em todo o país. Um levantamento feito pelo **G1** indicou que, desde então, todas as redes estaduais de ensino implantaram alguma forma de transmissão de conteúdo remoto — seja em plataformas online, ou conteúdos repassados pela TV aberta e via rádio. [...]

Professores e formação online

O uso da internet para se comunicar com alunos antes da pandemia era menor entre professores de escolas públicas se comparado às particulares. Os dados da pesquisa mostram que 31% dos professores afirmaram que receberam trabalhos ou lições dos alunos pela Internet; 44% tiraram dúvidas dos alunos pela Internet e 48% disponibilizaram conteúdo na Internet para os alunos. Na rede privada, os números são 52%, 65% e 65%.

(Disponível em: https://g1.globo.com/educacao/noticia/2020/06/09/quase-40percent-dos-alunos-de-escolas-publicas-nao-tem-computador-ou-tablet-em-casa-aponta-estudo.ghtml. Acesso em: 10/11/2020.)

12. O assunto central da notícia é:

a) a utilização de computadores no ensino particular e público.

b) a pandemia que assolou o país em 2020.

c) a falta de recursos econômicos nas escolas públicas e privadas.

d) o desafio do ensino remoto, principalmente nas escolas públicas.

13. A causa da paralisação das aulas presenciais nas escolas públicas e privadas em 2020 foi:

a) a pandemia da covid-19.

b) a falta de recursos das escolas públicas.

c) a implantação de transmissão de conteúdos remotos nas escolas.

d) as plataformas *on-line* ou conteúdos pela TV aberta e pelo rádio.

14. Releia o fragmento:

"Sem computadores e conexão à internet, é possível que os estudantes tenham dificuldade para acessar os conteúdos online, que têm substituído as aulas presenciais."

A afirmação refere-se, principalmente:

a) aos professores das redes pública e privada de ensino.

b) aos alunos que estudam na rede pública de ensino.

c) aos professores da rede municipal.

d) aos alunos da rede privada de ensino.

15. Segundo o texto, a comunicação, via internet, entre professores e alunos antes da pandemia:

a) raramente ocorria; tanto nas escolas públicas quanto nas escolas privadas da rede de ensino.

b) nunca ocorria; porém, depois da pandemia, houve equiparação das escolas públicas com as escolas da rede privada de ensino.

c) ocorria; porém, mesmo antes da pandemia, já era menor nas escolas públicas se comparada às escolas da rede privada.

d) ocorria; porém, depois da pandemia, passou a ser maior nas escolas públicas do que nas escolas privadas.

16. Com a pandemia, pôde-se constatar que:

a) os alunos das escolas da rede particular de ensino tiveram mais dificuldades com o ensino remoto do que os das escolas da rede pública.

b) tanto as escolas públicas quanto as escolas particulares já estavam estruturadas para o ensino remoto.

c) tanto as escolas públicas quanto as escolas particulares não estavam estruturadas para o ensino remoto; portanto, tiveram dificuldades semelhantes.

d) as escolas da rede pública de ensino tiveram mais dificuldades com o ensino remoto do que as escolas da rede particular.

Capítulo 3

Redes sociais: a edição de si mesmo

Posts, mensagens, *e-mails*, fotos... Será que podemos escrever e postar tudo o que der na cabeça? O que pode ser socializado da nossa vida privada? Que imagem criamos de nós mesmos nas redes sociais?

Leia este texto de Antonio Prata:

Perfis de redes sociais são retratos ideais de nós mesmos

Desde as priscas eras do Orkut, em minhas perambulações pelas redes sociais, noto o fenômeno. Entro no perfil de uma moça e começo a olhar suas fotos: encontro-a ali ainda criança, vestida de odalisca, num Carnaval já amarelado do século 20; a vejo com seu cachorro, numa praia, recentemente; com uma turma na piscina de um sítio, no final da adolescência; numa 3X4 com o namorado, espremida na mesma cabine, talvez numa viagem à Europa.

Então, sem que eu me dê conta, um retrato puxa meu olhar. Minha reação imediata, naquele **interregno** mental em que as pupilas já captaram a imagem, mas o cérebro ainda não teve tempo de processá-la, é de surpresa: como ela saiu bem nessa foto! Só um segundo depois percebo o engano: quem saiu bem não foi a garota do perfil, mas Penélope Cruz, Marilyn Monroe, Sarah Jessica Parker ou outra atriz famosa, cuja imagem foi contrabandeada para aquele álbum por conta de alguma semelhança com sua dona. Olho as outras fotos. Comparo. E da distância — às vezes menor, às vezes maior — entre a estrela de cinema e a mulher do Facebook, surgem sentimentos contraditórios.

De início, topar com a destoante atriz me dava certa pena: afinal, por mais bonita que fosse a moça, nunca alcançava a musa. "Será que ela acredita mesmo ser parecida com a Sharon Stone?", eu pensava, com uma pitada de vergonha alheia, como se estivesse diante de uma pessoa incapaz de lidar com a realidade, uma pessoa com delírios de grandeza, com delírios de beleza.

Aos poucos, contudo, fui chegando à constatação óbvia de que todo perfil de rede social é um retrato ideal de nós mesmos. Se ponho um link para um filme do **Woody Allen**, se cito uma frase de **Nietzsche**; mesmo quando posto uma foto de um churrasco, não estou eu, também, editando-me? Tentando pegar esse aglomerado de defeitos, qualidades, ansiedades, desejos e frustrações e emoldurá-lo de modo a valorizar o quadro — engraçado, profundo, **hedonista**?

Pensando bem, nem precisamos ir até o exagero das redes sociais — essa versão caricaturada de nós mesmos. Toda vez que nos vestimos, que abrimos a boca para emitir uma opinião, toda vez que empurramos o mundo pra baixo e o corpo pra frente, dando um passo, de peito aberto, de ombros curvados, de nariz empinado ou de olhos pro chão, estamos travando esta negociação entre o real e o ideal. Estamos enviando aos outros e a nós mesmos a soma de nossos fardos e de nossas aspirações.

Há pobres que se vestem de ricos e ricos que se vestem de pobres, magrelos que andam de braços arqueados, como se fossem musculosos, feiosos que entram num restaurante crentes que são o George Clooney e possíveis galãs e divas que, ignorantes ou culpados por suas belezas, caminham por aí mais parecidos com **Tims Burtons** e **Zezés Macedos**. No fim, acabamos sendo um meio-termo entre o ator e o roteiro que tentamos escrever.

Hoje, portanto, admiro as moças que colocam fotos de belas atrizes entre as suas. Vejo ali um pouco de ousadia, um pouco de esperança, e, acima de tudo, algo oposto ao que eu via antes: não um delírio, a tentativa de fugir de si próprias, mas a capacidade de aceitarem-se na harmoniosa mistura entre o que são e o que gostariam de ser.

(Disponível em: https://www1.folha.uol.com.br/colunas/antonioprata/1114664-perfis-de-redes-sociais-sao-retratos-ideais-de-nos-mesmos.shtml. Acesso em: 15/12/2020.)

QUEM É ANTONIO PRATA?

Antonio Prata nasceu em São Paulo (SP), em 1977. Filho do escritor Mário Prata, vem se destacando no gênero crônica, como o pai.

Cursou Filosofia, Cinema e Ciências Sociais, mas não chegou a concluir nenhum dos cursos. Descobriu sua verdadeira vocação na literatura e já publicou vários livros, entre eles, *As pernas da tia Corália*, *Inferno atrás da pia*, *Adulterado*, *Meio intelectual, meio de esquerda* e *Nu, de botas*. Atualmente também vem se dedicando ao romance e ao cinema.

Foi cronista da revista *Capricho*, do jornal *O Estado de S. Paulo* e, recentemente, tem publicado suas crônicas no jornal *Folha de S.Paulo*.

hedonista: aquele que pratica o hedonismo, ou seja, que tem no prazer o ideal maior da vida.
interregno: intervalo.
Nietzsche: filósofo alemão que viveu de 1844 a 1900.
Tim Burton: nasceu em Burbank (EUA), em 1958. Cineasta, produtor, roteirista, escritor, animador e desenhista. Dirigiu vários filmes, entre eles *Batman, o retorno*, *Alice no país das maravilhas* e *A noiva cadáver*.
Woody Allen: nasceu em Nova Iorque (EUA), em 1935. É cineasta, roteirista e ator que dirigiu e/ou atuou em vários filmes importantes, como *Poderosa Afrodite*, *Match Point*, *Vicky, Cristina, Barcelona* e *Meia-noite em Paris*.
Zezé Macedo: comediante e atriz brasileira de rádio, cinema e televisão que viveu de 1916 a 1999 e participou de 108 filmes.

1. O narrador do texto comenta aquilo que vê nas redes sociais.

a) O que ele costuma observar?
_____

b) Que fato o surpreende?
_____
_____
_____

c) Qual sentimento esse fato desperta nele? Por quê?
_____
_____
_____

2. No trecho "Será que ela acredita mesmo ser parecida com a Sharon Stone?":

a) Que julgamento o narrador faz da moça, nesse momento?
_____
_____

b) Por que pessoas como essa moça postam essas fotos?
_____
_____
_____

3. A simples observação do perfil de algumas pessoas nas redes sociais leva o narrador a uma reflexão mais profunda sobre o comportamento humano tanto nas redes sociais quanto fora delas.

a) O que o narrador entende por "versão caricaturada de nós mesmos", que é feita nas redes sociais?
_____
_____
_____
_____

b) Que semelhança existe entre o modo como as pessoas agem nas redes sociais e o modo como agem socialmente, fora delas?
_____
_____
_____

4. O narrador afirma ter mudado seu ponto de vista a respeito das moças que postam fotos de atrizes bonitas em seu perfil.

a) O que o fez mudar de ideia?

_____
_____
_____
_____

b) Por que o narrador agora passou a admirar as moças que agem dessa forma?

_____
_____
_____
_____

5. A respeito deste trecho:

> "No fim, acabamos sendo um meio-termo entre o ator e o roteiro que tentamos escrever."

a) O que se pode depreender dessa conclusão?

_____
_____
_____
_____

b) A afirmação pode ser considerada um fato ou uma opinião?

_____
_____

6. Discuta com o professor e os colegas as questões a seguir ou outras relacionadas ao tema.

- Por que, nas redes sociais, as pessoas se mostram sempre felizes, saudáveis e em lugares incríveis?
- Você concorda com o ponto de vista de Antonio Prata a respeito do comportamento de publicar fotos de pessoas bonitas misturadas às próprias fotos?
- De que forma as pessoas poderiam agir para transmitir uma visão menos idealizada de si mesmas?

Palavras em contexto

1 Releia os trechos e deduza o significado dos termos destacados.

a) "Desde as **priscas** eras do Orkut"

b) "eu pensava, com uma pitada de **vergonha alheia**"

2 Explique o sentido do verbo **editar** neste trecho do texto: "mesmo quando posto uma foto de um churrasco, não estou eu, também, editando-me?".

3 Dê uma interpretação à imagem construída neste trecho do texto:

> "Toda vez que nos vestimos, que abrimos a boca para emitir uma opinião, toda vez que empurramos o mundo pra baixo e o corpo pra frente, dando um passo, de peito aberto, de ombros curvados, de nariz empinado ou de olhos pro chão, estamos travando esta negociação entre o real e o ideal."

4 Observe a pontuação deste trecho do texto:

> "Olho as outras fotos. Comparo."

Que efeito de sentido tem o emprego de frases curtas?

5 Com que finalidade os nomes próprios **Tims Burtons** e **Zezés Macedos** foram empregados no plural?

Texto e intertexto

O texto a seguir foi publicado em um *site* de viagens. Leia-o.

10 dicas para não ser um chato nas redes sociais

1 – Constância

Com que **periodicidade** você posta nas redes sociais? É sempre bom observar isso porque é preciso manter uma constância. E aí, somente você pode definir: diária, semanal, mensal, etc.

Sabe aquelas pessoas que nunca postam nada, mas quando vão **viajar** aparecem como **fantasmas**, e enchem nossa *timeline* com fotos?

Este é um tipo de comportamento que deve ser evitado.

Por quê?

Você passa a ideia de que sua vida só deve ser mostrada numa viagem, quando, na verdade, a rede social deve representar quem somos todos os outros dias: acordando cedo, indo trabalhar ou com o cabelo despenteado. [...]

2 – Overposting

Essa palavra significa a **quantidade de fotos** postadas num determinado período.

Quer ser elegante? Poste no máximo uma foto por dia.

Poste menos e com mais qualidade

Quando viajamos nos sentimos empolgados em mostrar o que estamos vendo. Mas quem está do outro lado está pouco interessado, ou acha você um chato que posta cada passo da sua viagem para a Disney.

3 – Legendas

Escreva!! Aproveite isso como um exercício.

Postar fotos sem legenda ou com um simples "Lugar lindo" mostra que você pouco se importa com a história do lugar e nem se preocupou em aprender um pouco na sua viagem.

Capriche na legenda. Compartilhe o que está vendo e aprendendo na sua viagem. Você sabia que o Castelo de Neuschwanstein inspirou o castelo da Disney?

[...]

Nas redes sociais é sempre bom seguir a máxima: tem informação interessante? Poste. Não tem: deixa quieto.

4 – Momento da postagem

Vivemos numa época em que os momentos só são vividos se forem postados nas redes sociais.

Observa-se um monte de gente com o celular na mão, assistindo shows, e pouca gente vivendo o momento.

Viva o momento e deixe para postar depois, assim poderá escolher as melhores fotos

Esta dica, além de melhorar sua percepção das redes sociais, pode te ajudar a interagir melhor com seus amigos e família. É chato estar com aquela pessoa com a cara colada no celular o tempo todo.

Quer uma dica: nas viagens, faça isso à noite, quando voltar para o hotel.

5 – Fuja dos chavões nas redes sociais

Não tem coisa mais chata que aquelas frases clichês em viagens. Nas redes sociais, isso é muito comum, e muito cafona a meu ver.

Frases como: "segunda-feira não é ruim, só depende do lugar que você está" vai mostrar para seu chefe que você odeia seu trabalho.

Fotos dos pés com frases prontas viraram um clássico. Seja criativo e tente fotos e legendas diferentes

[...]

7 – Fotos de glamour

Não poste somente fotos dos momentos glamurosos: os jantares, aquele superpasseio de barco ou o mergulho com peixinhos.

Mostre também a realidade das viagens, que muitas vezes é bem divertida: a fila do aeroporto, o uso de transporte público ou até aquele momento que você está comendo cachorro-quente. [...]

8 – Fotos com pessoas e fotos de paisagens

É sempre bom mesclar os dois tipos de foto.

Os bombadões adoram tirar foto sem camisa, para mostrar os músculos, mas passa aquela ideia de exibicionista.

Ainda bem que o "pau de selfie" saiu de moda

Bem, como a selfie mostra um pouco de individualismo, procure tirar foto com gente e também da paisagem.

É legal mostrar o mundo visto pelos seus olhos. Acredite em mim, as pessoas querem ver isso.

9 – Qualidade da foto

Não custa nada escolher uma foto bem enquadrada ou fazer pequenos ajustes antes de postar.

Lembre-se que você está exibindo o seu mundo, e este precisa ser bem mostrado.

O lugar é lindo, mas não consegui uma foto nítida dentro da Gruta Azul

Não precisa fazer uma edição profissional, mas uma foto com boa luz, enquadrada e nítida é o mínimo que se espera numa foto nas redes sociais.

10 – Não poste nas redes sociais

E por fim, a última dica, e talvez a mais importante.

Viva a sua viagem. Deixe o celular de lado de vez em quando. Delegue ao seu cérebro a responsabilidade de registrar os momentos.

(Disponível em: https://viajantecurioso.com.br/dicas/comportamento-nas-redes-sociais/. Acesso em: 17/11/2020.)

1 O texto dá algumas dicas sobre como proceder nas redes sociais.

a) A quem ele se dirige?

b) Com qual objetivo o texto foi publicado?

2 Observe a linguagem do texto. Ela pode ser considerada formal ou informal? Justifique sua resposta com elementos do texto.

3 Segundo o ponto de vista do autor do texto:

a) Que consequências pode haver para o internauta se ele não seguir as dicas?

_____
_____

b) De modo geral, o que o internauta precisa considerar ao postar suas fotos?

_____
_____
_____
_____

4 Apesar de ser um texto sobre dicas de *posts*, qual é a dica que o autor julga ser a mais importante? Por quê?

_____
_____
_____
_____

5 Compare o texto "Perfis de redes sociais são retratos ideais de nós mesmos", lido no início deste capítulo, com o texto "10 dicas para não ser um chato nas redes sociais".

a) O que há em comum entre os dois textos?

_____
_____
_____
_____

b) O que há de diferente entre os dois textos?

_____
_____
_____
_____
_____

Exercícios

Leia a tira a seguir e responda às questões 1 a 3.

(O Estado de S. Paulo, 28/10/2007.)

1. No comentário do pai, a palavra ou expressão que sugere que o filho está tendo algum tipo de desenvolvimento é:

a) vocabulário.

b) aumentando.

c) pelo menos.

d) menos o vocabulário.

2. A palavra **obsoleto** causa certo estranhamento na fala do garoto. Isso ocorre porque seu emprego é mais comum no registro:

a) informal.

b) formal.

c) regional.

d) das gírias urbanas.

3. Na frase "Me chamam de obsoleto", a colocação do pronome oblíquo **me**:

a) está em desacordo com a norma-padrão da escrita, mas de acordo com o português brasileiro coloquial.

b) está de acordo com a norma-padrão da escrita e com contextos que exigem maior formalidade do discurso.

c) está de acordo com o registro oral e formal da língua portuguesa.

d) está em desacordo com o registro informal da língua portuguesa, mas de acordo com o português escrito formal.

Leia o texto a seguir e responda às questões 4 a 6.

Os dez mandamentos do e-mail

Medo de mensagens mal interpretadas, contaminação da marca e perda de produtividade fazem empresas seguirem regras para a conversa on-line

Por Carmen Guerreiro

A escrita não produz o mesmo efeito da fala. A afirmação, óbvia, parece ignorada por pessoas cada vez mais conectadas o tempo todo, por tablets, smartphones ou computadores. A comunicação escrita parece ter tomado a dianteira em várias frentes antes dominadas pela fala. Essa prevalência fica clara na preferência crescente por e-mails, torpedos, chats, tuítes, comentários e posts como forma de expressão e comunicação.

[...]

Segundo Ruy Leal, superintendente do Instituto Via de Acesso, que prepara e insere jovens no mercado de trabalho, 90% da comunicação feita e recebida pelas entidades privadas hoje é via e-mail.

— Isso é uma arma que o colaborador tem na mão. Se não estiver muito bem orientado e preparado, pode escrever absurdos em seus e-mails — alerta.

Munido de um e-mail corporativo, qualquer um pode falar em nome da organização. Leal sabe que rispidez, ironias e brincadeiras mal interpretadas geram desentendimentos por conta da linguagem que se pretende distante e próxima ao mesmo tempo. Por isso, os especialistas e as empresas tentam sistematizar as regras que regem a comunicação por e-mail.

Linguagem

A apreensão tem levado empresas a consultores que capacitem funcionários a redigir e-mails não só sem deslizes na língua portuguesa, mas eficientes e adequados à comunicação profissional. Coach executiva e educadora corporativa da Atingir Coaching e Treinamento, Regina Gianetti Dias Pereira se especializou em oferecer cursos de comunicação empresarial, e diz que treinamentos para mensagens eletrônicas são cada vez mais pedidos.

— E-mails mal-escritos, confusos, pouco claros, feitos sem consistência, geram mal-entendidos, perdas de negócios, tempo e, especialmente, produtividade — observa.

A primeira lição é que dominar a tecnologia não significa domínio do uso da linguagem. Daí a falsa impressão de que pessoas conectadas e integradas tecnologicamente se comunicam via internet com mais propriedade, quando na verdade uma habilidade independe da outra. O que faz diferença são alguns cuidados de adequação da linguagem para o contexto da comunicação.

[...]

(*Língua Portuguesa*, n. 87, p. 28-29.)

4. Cada vez mais pessoas estão se comunicando e se expressando pela escrita, utilizando no seu dia a dia *e-mails*, torpedos, *chats*, tuítes, comentários, *posts*. Em decorrência disso, as empresas têm se dado conta da importância de os funcionários dominarem:

a) a tecnologia utilizada nos procedimentos empresariais.

b) a linguagem falada.

c) a linguagem escrita.

d) a linguagem escrita e falada.

5. Segundo o texto:

a) a linguagem falada sempre é precisa e clara.

b) a linguagem escrita deve ser clara, precisa e adequada ao contexto, para não gerar problemas de comunicação.

c) as pessoas precisam utilizar uma linguagem escrita mais formal.

d) a clareza na linguagem escrita é importante apenas para as empresas.

6. Considere as afirmações:

I. Dominar a tecnologia não implica dominar a linguagem escrita.

II. Dominar a linguagem falada implica dominar a linguagem escrita.

III. A linguagem escrita produz o mesmo efeito que a linguagem falada.

IV. Atualmente, no meio empresarial, a linguagem escrita está prevalecendo nas interações comunicativas.

a) I e II. b) I e III. c) I e IV. d) todas.

Leia o texto e responda às questões 7 a 9.

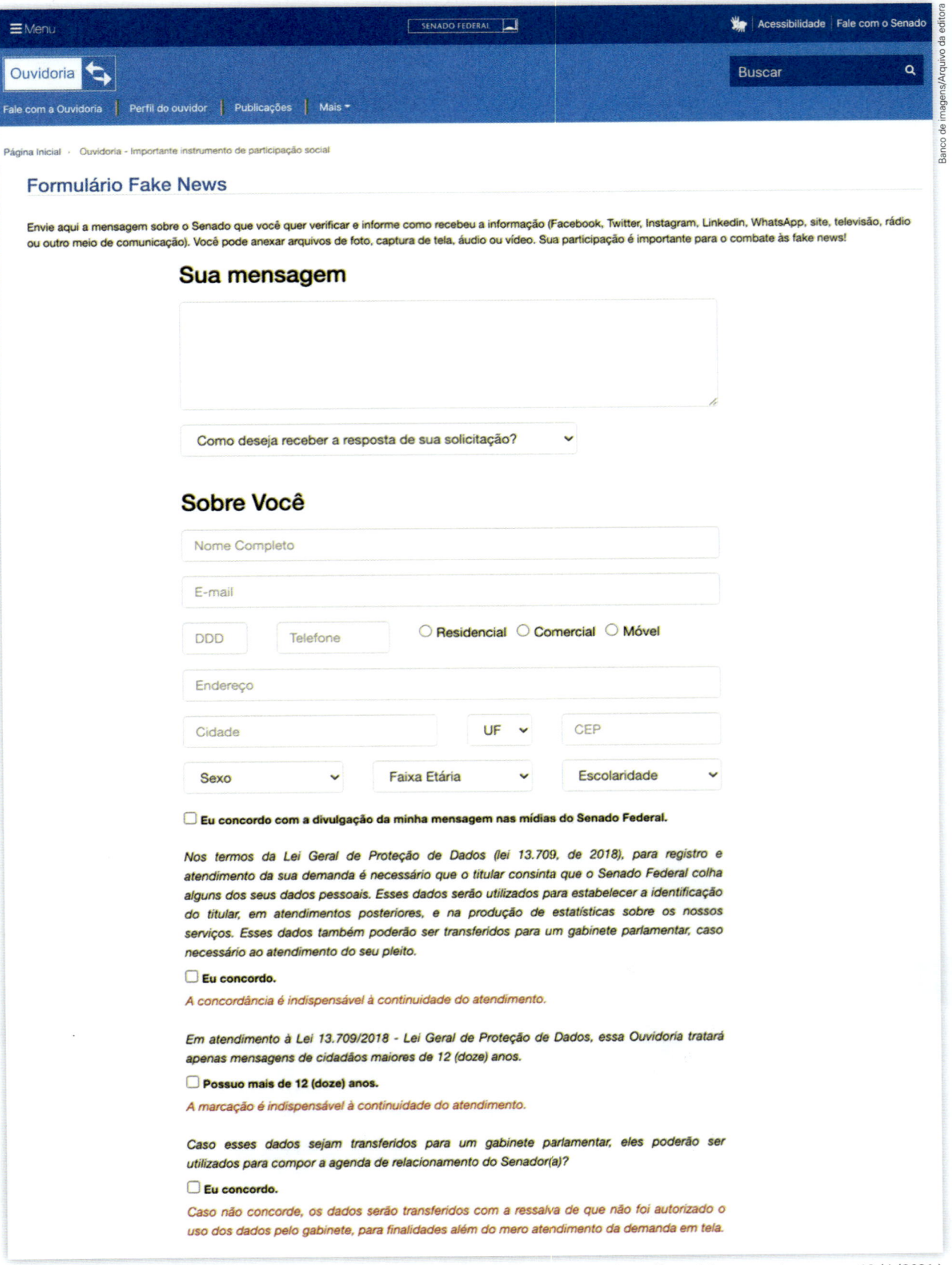

≡ Menu | SENADO FEDERAL | Acessibilidade | Fale com o Senado

Ouvidoria ⇄

Fale com a Ouvidoria | Perfil do ouvidor | Publicações | Mais ▾

Buscar 🔍

Página Inicial › Ouvidoria - Importante instrumento de participação social

Formulário Fake News

Envie aqui a mensagem sobre o Senado que você quer verificar e informe como recebeu a informação (Facebook, Twitter, Instagram, LinkedIn, WhatsApp, site, televisão, rádio ou outro meio de comunicação). Você pode anexar arquivos de foto, captura de tela, áudio ou vídeo. Sua participação é importante para o combate às fake news!

Sua mensagem

[   ]

[Como deseja receber a resposta de sua solicitação? ▾]

Sobre Você

[Nome Completo]

[E-mail]

[DDD] [Telefone]   ○ Residencial ○ Comercial ○ Móvel

[Endereço]

[Cidade] [UF ▾] [CEP]

[Sexo ▾] [Faixa Etária ▾] [Escolaridade ▾]

☐ **Eu concordo com a divulgação da minha mensagem nas mídias do Senado Federal.**

Nos termos da Lei Geral de Proteção de Dados (lei 13.709, de 2018), para registro e atendimento da sua demanda é necessário que o titular consinta que o Senado Federal colha alguns dos seus dados pessoais. Esses dados serão utilizados para estabelecer a identificação do titular, em atendimentos posteriores, e na produção de estatísticas sobre os nossos serviços. Esses dados também poderão ser transferidos para um gabinete parlamentar, caso necessário ao atendimento do seu pleito.

☐ **Eu concordo.**
A concordância é indispensável à continuidade do atendimento.

Em atendimento à Lei 13.709/2018 - Lei Geral de Proteção de Dados, essa Ouvidoria tratará apenas mensagens de cidadãos maiores de 12 (doze) anos.

☐ **Possuo mais de 12 (doze) anos.**
A marcação é indispensável à continuidade do atendimento.

Caso esses dados sejam transferidos para um gabinete parlamentar, eles poderão ser utilizados para compor a agenda de relacionamento do Senador(a)?

☐ **Eu concordo.**
Caso não concorde, os dados serão transferidos com a ressalva de que não foi autorizado o uso dos dados pelo gabinete, para finalidades além do mero atendimento da demanda em tela.

(Disponível em: https://www12.senado.leg.br/institucional/ouvidoria/form-fake-news. Acesso em: 19/4/2021.)

7. O preenchimento do formulário tem como finalidade:
   a) constatar a maioridade do cidadão para que ele possa fazer sua denúncia.
   b) permitir ao cidadão que denuncie *fake news* aos órgãos competentes.
   c) enviar mensagens variadas ao Senado.
   d) estabelecer relacionamento com um(a) senador(a).

8. A Ouvidoria, que recebe o formulário preenchido, tem como função:
   a) representar o Senado e propagar seus feitos institucionais.
   b) representar cada senador(a).
   c) ser porta-voz dos cidadãos, recebendo, encaminhando e acompanhando suas denúncias.
   d) armazenar dados de cidadãos acima de 12 anos que veiculam *fake news* na internet.

9. Os dados pessoais do cidadão são necessários para:
   a) serem transferidos para o gabinete do senador(a).
   b) serem utilizados pelo gabinete parlamentar do Senado Federal.
   c) identificar senadores e encaminhar serviços ao gabinete do Senado Federal.
   d) identificar o cidadão para possíveis contatos posteriores e também para fazer estatística sobre os serviços oferecidos.

Leia o texto e responda às questões 10 a 13:

#PRACEGOVER: CAMPANHA DE ACESSIBILIDADE PARA DEFICIENTES VISUAIS NAS REDES SOCIAIS

Compartilhe e espalhe o bem!

O Caminhando é um site inclusivo. Aperte o botão de PLAY logo acima para ouvir o texto dessa página ao invés de ler!

Se você já viu o símbolo da hashtag (#) acompanhada da menção "**PraCegoVer**" na internet e não entendeu o que isto significa, acompanhe o texto abaixo. Entenda como funciona esta **campanha de acessibilidade para pessoas com deficiência visual nas redes sociais**. Porque para nós inclusão é palavra de ordem.

O que é #PraCegoVer?

Basicamente, o movimento **#PraCegoVer** consiste em despertar a atenção dos usuários, para que coloquem uma descrição detalhada da imagem utilizada em suas publicações em mídias sociais. Estas informações serão reproduzidas em aplicativos de audiodescrição destinados, principalmente, para deficientes visuais. O recurso também é útil para pessoas com dislexia, deficiência intelectual ou com déficit de atenção.

Para que serve?

O ato de descrever a imagem detalhadamente facilita o entendimento da mensagem transmitida e ainda **promove a inclusão de quem não enxerga nestes meios de comunicação**.

Quem criou?

A iniciativa é da baiana Patrícia Silva de Jesus, ou Patrícia Braille, como é conhecida. A idealizadora atua como Coordenadora da Educação Especial no Estado da Bahia e é especialista em acessibilidade para deficientes visuais.

Por que aderir?

Segundo dados da campanha, no Brasil existem cerca de 6,5 milhões de pessoas com deficiência visual, sendo 585 mil totalmente cegas. A <u>página oficial do movimento no Facebook</u> ressalta que a invisibilidade dos deficientes perante a sociedade ocorre justamente porque *"a cegueira às vezes está nos olhos de quem enxerga"*. Para saber mais sobre o movimento e acompanhar as novidades você pode seguir a <u>página oficial do movimento no Facebook</u> que está no ar desde 2012 promovendo a inclusão das pessoas com deficiência visual nas comunidades digitais do Brasil.

Como descrever?

Siga as dicas da idealizadora do projeto para não errar! Coloque a **#PraCegoVer**. Classifique o tipo da imagem (fotografia, tirinha, ilustração e etc). Descreva a imagem seguindo esta ordem: da esquerda para a direita e, posteriormente, de cima para baixo. Informe cores, tonalidades e descreva os elementos em uma sequência lógica. Utilize frases curtas e evite adjetivos.

E aí, gostou dessa dica incrível? Bora começar a utilizar nas suas postagens das redes sociais a partir de hoje! Contamos com você para espalhar a ideia e tornar o mundo cada vez mais inclusivo.

Compartilhe e espalhe o bem!

(Disponível em: https://caminhando.org.br/pracegover/. Acesso em: 20/11/2020.)

10. O movimento **#PraCegoVer** tem o objetivo de:

a) promover as redes sociais como Facebook, WhatsApp, entre outras, junto à comunidade de cegos.

b) promover a inclusão das pessoas com deficiência visual nas comunidades digitais do Brasil.

c) despertar a atenção dos usuários para as publicações sobre cegos nas redes sociais.

d) promover informações sobre imagens para usuários de mídias sociais.

11. Para descrever uma imagem:

a) não há uma sequência a ser seguida, pois pessoas com deficiência visual conseguirão imaginar a descrição facilmente.

b) deve-se usar adjetivos para que a pessoa com deficiência visual compreenda melhor a imagem.

c) deve-se usar frases longas para facilitar a compreensão do ouvinte com deficiência visual.

d) há uma sequência a ser seguida e as frases devem ser curtas e sem adjetivos para fornecer uma informação precisa.

12. Os *hyperlinks* presentes no item "Por que aderir?" têm a finalidade de:

a) apresentar as estatísticas segundo as quais no Brasil existem cerca de 6,5 milhões de pessoas com deficiência visual, sendo 585 mil totalmente cegas.

b) fazer com que o internauta acompanhe as novidades relativas ao movimento #PraCegoVer no Facebook.

c) oferecer informações complementares a respeito do movimento #PraCegoVer, em sua página oficial do Facebook.

d) promover a invisibilidade dos deficientes perante a sociedade.

13. Segundo o texto, na página oficial do movimento no Facebook se lê: *"a cegueira às vezes está nos olhos de quem enxerga"*. Essa frase dá a entender que:

a) a cegueira é uma questão de saúde mais ampla do que se imagina no Brasil.

b) as pessoas sem deficiência visual não percebem como facilmente podem contribuir para a inclusão social do cego.

c) as pessoas com deficiência visual são invisíveis aos olhos da sociedade por falta de iniciativa de organização social.

d) a invisibilidade dos cegos está relacionada à falta de iniciativas de valorização do cego, a fim de que ele se inclua no mercado de trabalho.

Leia o texto e responda às questões 14 e 15.

Gírias atuais mais usadas na internet

Não há dúvidas que a internet é o atual berço dos principais memes e gírias que estão na boca da galera. E a cada dia fica mais difícil acompanhar as novidades, que se multiplicam na rede numa velocidade incrível!

Para te ajudar a atualizar o "dicionário" e ficar por dentro das novas expressões que rondam por aí, preparamos essa lista com as gírias mais usadas no mundo online (e fora dele também).

Biscoiteiro: é aquela pessoa que faz de tudo para chamar a atenção na internet, postando fotos ou textões só para receber elogios.

Tá na Disney: é o mesmo que falar que ele está no mundo da lua, viajando, ou que está sendo enganado.

Stalkear: é uma gíria usada para dizer que você está "espionando" ou "perseguindo" as atividades de uma pessoa nas redes sociais.

Crush: nada mais é do que uma pessoa que desperta algum tipo de atração em outra, ou seja, um tipo de "paixão platônica".

Flopar: é o mesmo que falhar em determinada coisa, ou seja, não conseguiu fazer aquilo que era pretendido.

Trollar: é o mesmo que enganar, zoar ou tirar sarro de alguém. A gíria se originou a partir da palavra troll, termo usado na internet para representar o usuário que gosta de enganar os demais, principalmente com o propósito de humilhar.

Cancelar/Cancelado: é a mesma coisa que deixar de acompanhar ou promover um boicote à pessoa em questão. É bastante utilizado para se referir às celebridades atualmente, principalmente quando elas fazem algo que não é muito legal e a fã base fica brava ou chateada.

Cringe: é usada para destacar situações tão embaraçosas que se torna constrangedor de presenciar. Pode ser utilizada para substituir o termo vergonha alheia.

(Disponível em: https://www.dicionariopopular.com/girias-atuais-internet/. Texto adaptado. Acesso em: 22/11/2020.)

14. Depreende-se do texto que usar determinadas gírias, nas redes sociais, é uma demonstração de que o internauta:

a) domina a linguagem da internet e, portanto, é benquisto por seus pares.

b) desconhece a linguagem da internet e pode ser excluído das redes sociais.

c) é desleixado em relação ao uso da língua portuguesa, pois não segue as normas mínimas da língua escrita.

d) faz parte de um grupo que não domina a norma-padrão da língua portuguesa.

15. Observe este trecho inicial do texto:

> "Não há dúvidas que a internet é o atual berço dos principais memes e gírias que estão na boca da galera."

O sentido da palavra **berço** no contexto é:

a) suporte ou base para algo.

b) pequena cama para crianças.

c) origem, princípio.

d) local confortável, recanto.

Capítulo 4

Meio ambiente

Vivemos em um mundo voltado para o consumo. As seguidas promoções de carros, televisores, móveis e computadores nos estimulam a viver trocando os bens que temos por outros mais modernos. O que fazer com os bens que descartamos? Onde vão parar tantas coisas que saem de nossa sala ou de nossa cozinha?

Leia a crônica a seguir, de Antonio Prata, e responda às questões propostas.

Móveis ao mar

Vi num programa de televisão que, entre as inúmeras melhorias necessárias para as Olimpíadas do Rio, está "a limpeza da Baía de Guanabara". Dita a frase, a tevê mostrou um sofá encalhado num mangue: três lugares, revestimento acetinado, puxando pro lilás, com os assentos enlameados sendo disputados por dois urubus. Incrível.

Não pretendo, de forma alguma, desmerecer o Rio. Quando vi o presidente do Comitê Olímpico Internacional tirando o cartão do envelope e dizendo Rrrio de Rrranerou, no início do mês, lágrimas cruzaram minhas bochechas, tão rápidas quanto, imagino, canoas e barcos a vela **singrarão** as águas da **rediviva** Cidade Maravilhosa, daqui a seis anos e meio. A amplitude de meu desespero vai muito além das pequenas rixas regionais: como pode um ser humano, oh céus!, jogar um sofá no mar?

Todos nós já nos encontramos na rua, algum dia, com um papel de bala na mão, ou uma latinha de refrigerante, olhando em volta, em busca de uma lixeira. Muitos de nós, não encontrando nenhuma, já jogamos o papel no chão, colocamos a latinha num canto, ou ao lado de um saco de lixo — como se, por osmose, quem sabe, ela fosse parar lá dentro. Não se justifica, mas se compreende. Agora, até onde pude ver, nesses trinta e dois anos sobre a Terra, as

David Martins/Arquivo da editora

pessoas não andam por aí com sofás velhos nos ombros. Sequer com poltronas. Nem mesmo uma almofada costuma-se levar à rua. Para se atirar um móvel ao mar, portanto, é preciso não apenas má-fé, mas esforço, **engenho**, planejamento e trabalho em equipe.

Imagino o sujeito, lá pela quarta-feira, ligando pros amigos: "Ô Gouveia, tudo bom? É o Túlio. Seguinte, tô precisando de uma forcinha aí, no sábado, pra jogar um sofá da ponte...". "Maravilha, Valdeci! Então sábado à tarde cê traz a Kombi do teu cunhado e a gente resolve o problema." "Fica tranquilo, Murilão, depois a gente volta aqui e faz um churrasquinho!"

Sábado à tarde, os amigos se reúnem. O Valdeci com a Kombi do cunhado, o Murilão e o Gouveia cheios de entusiasmo, o Túlio pondo as Brahmas pra gelar, enquanto sua mulher orienta os homens na sala: "Cuidado com o batente!", "Olha o abajur, o abajur, Gouveia!".

Os amigos amarram o sofá na caçamba da Kombi — é uma dessas Kombis-caminhonete — e dirigem meia hora até a ponte mais próxima. Talvez no caminho façam um bolão: sofá boia ou afunda? O Murilão diz que o fogão da prima afundou, semana passada. O Valdeci comenta que a geladeira da tia boiou — já faz o quê, dois anos?

Chegam à ponte. Param no acostamento. Tiram o sofá da caçamba, contam um, dois e lá vão os... Pronto, atiraram o sofá no mar. O sofá boia. Os três o contemplam, sendo levado pela correnteza, naquele silêncio que só as verdadeiras amizades permitem. Túlio brinca: "**Saravá, Iemanjá**!". Depois vão comer churrasco.

(*Meio intelectual, meio de esquerda*. São Paulo: Editora 34, 2010. p. 26-27.)

> **engenho:** capacidade de criar com habilidade e talento.
>
> **Iemanjá:** divindade das religiões afro-brasileiras, também conhecida como Rainha do Mar.
>
> **redivivo:** que voltou à vida, ressuscitado.
>
> **saravá:** saudação equivalente a "salve!".
>
> **singrar:** navegar; abrir caminho.

1. O narrador da crônica relata que assistiu a um programa de televisão no qual se apontava a "limpeza da Baía de Guanabara" como uma das inúmeras melhorias necessárias para a realização dos Jogos Olímpicos do Rio de Janeiro, em 2016.

   a) Quando o narrador faz referência a "inúmeras melhorias necessárias", o que se pode inferir sobre a cidade do Rio de Janeiro naquele momento?

   b) A imagem do sofá lilás, mostrada na TV, confirma ou nega a mensagem da televisão? Por quê?

c) O adjetivo **incrível**, empregado no final do 1º parágrafo, evidencia certa **avaliação apreciativa** por parte do narrador em relação ao fato narrado. O que expressa essa palavra no contexto?

2. Observe estes trechos do 2º parágrafo:

> "Não pretendo, de forma alguma, desmerecer o Rio."
> "A amplitude de meu desespero vai muito além das pequenas rixas regionais"

a) Sabendo-se que o escritor Antonio Prata vive em São Paulo, qual é a preocupação revelada pelo narrador nesses trechos?

b) Qual é, então, a verdadeira razão do "desespero" do narrador?

3. No 3º parágrafo, o narrador comenta a atitude habitual de muitas pessoas de jogar no chão alguns tipos de lixo, como papel de bala e lata de refrigerante.

a) Por que, para ele, tal gesto "Não se justifica, mas se compreende"?

b) Deduza: Por que o narrador fica indignado com o fato de jogarem um sofá de três lugares no mar?

4 ▪ Diante desse fato tão inusitado, o narrador imagina como pode ter ocorrido o "planejamento" do "trabalho em equipe". De acordo com o 4º, o 5º, o 6º e o 7º parágrafos do texto:

a) Quem era o dono do sofá? _____

b) Levante hipóteses: Por que o dono do sofá propõe que a ação seja realizada no sábado?

_____
_____

c) Os amigos estranharam o pedido de ajuda para jogar o sofá da ponte? Por quê? Justifique sua resposta com elementos do texto.

_____
_____

5 ▪ No final da crônica, lê-se: "Túlio brinca: 'Saravá, Iemanjá!'. Depois vão comer churrasco".

a) Explique a brincadeira de Túlio ao dizer "Saravá, Iemanjá!".

_____
_____
_____
_____

b) Interprete: Que efeito de sentido a frase "Depois vão comer churrasco", curta e direta, produz?

_____
_____
_____

6 ▪ Na história das navegações, é conhecida a frase "Homens ao mar!", que expressa um misto de coragem e espírito de aventura de navegantes destemidos. Explique a ironia existente no título "Móveis ao mar", dado à crônica pelo autor.

_____
_____
_____

7 ▪ Você já presenciou alguma situação em que a natureza foi completamente desrespeitada, como ocorre na crônica? Se sim, conte para os colegas como, onde e quando aconteceu e qual foi a reação das pessoas.

Palavras em contexto

1 O presidente do Comitê Olímpico Internacional retira um cartão do envelope e diz: "Rrrio de Rrranerou". Com que objetivo o nome **Rio de Janeiro** foi escrito dessa forma?

_____
_____

2 Observe a concordância do verbo **jogar** com a expressão **muitos de nós** neste trecho da crônica:

> "Todos nós já nos encontramos na rua, algum dia, com um papel de bala na mão [...]. **Muitos de nós**, não encontrando nenhuma, já **jogamos** o papel no chão [...]."

a) O verbo concorda com qual das palavras que compõem a expressão: **muitos** ou **nós**?

_____
_____

b) Nessa situação, a norma-padrão aceita duas concordâncias: **muitos de nós jogamos** e **muitos de nós jogaram**. Levante hipóteses: Por que o narrador preferiu concordar o verbo na 1ª pessoa do plural (nós)?

_____
_____
_____

3 Na conversa que têm, Túlio e os amigos utilizam termos como: "Ô", "seguinte", "tô", "cê", "Murilão". O emprego desses termos revela que eles utilizam qual registro linguístico?

a) formal
b) hiperformal
c) informal
d) familiar

4 No 4º parágrafo, são empregadas duas palavras no diminutivo: **forcinha** e **churrasquinho**. Explique o efeito de sentido resultante do emprego do diminutivo em cada uma dessas situações.

_____
_____
_____

Texto e intertexto

Observe, a seguir, duas imagens: a primeira é a da instalação denominada *Paisagem*, feita pelo artista plástico Vik Muniz; a segunda é uma fotografia da Baía de Guanabara.

1. A instalação *Paisagem* fez parte da conferência Rio+20 (leia o boxe ao lado) e foi criada com 1 tonelada de lixo, recolhido por 5 mil cariocas. Inspirada na paisagem do Pão de Açúcar e da Baía de Guanabara, no Rio de Janeiro, a obra foi construída com resíduos sólidos. Compare as duas imagens e responda:

   a) Na instalação de Vik Muniz, que materiais foram utilizados para formar o mar e a mata que compõem a Baía de Guanabara?

   _____
   _____
   _____

   b) E para formar o Pão de Açúcar?

   _____
   _____
   _____

   c) E para formar os prédios da orla e a areia branca?

   _____
   _____
   _____
   _____
   _____
   _____

2. Observe o rapaz que se vê na instalação e levante hipóteses: Quem é o rapaz? O que ele está fazendo? Justifique sua resposta com algum elemento da foto.

   _____
   _____
   _____
   _____
   _____

O QUE FOI A RIO+20?

A Rio+20 foi a Conferência das Nações Unidas sobre Desenvolvimento Sustentável (CNUDS), realizada no Rio de Janeiro em 2012. O número 20 se deve ao fato de essa reunião ter acontecido 20 anos depois da chamada Eco-92, que também se realizou no Rio de Janeiro.

Contando com chefes de Estado de 190 países do mundo e com representantes de organizações não governamentais (ONGs) e empresas, o encontro teve como objetivo debater, entre outros temas, questões relacionadas com o meio ambiente e o uso de recursos naturais do planeta e reafirmar o compromisso com o desenvolvimento sustentável.

3 Vik Muniz poderia ter escolhido qualquer outro lugar para ser cenário de sua instalação. Levante hipóteses: Por que ele escolheu justamente a Baía de Guanabara?

_____
_____
_____
_____

4 O trabalho de Vik Muniz pôde ou ainda pode trazer contribuições para o nosso país? Se sim, quais?

_____
_____
_____
_____

5 Compare a crônica "Móveis ao mar", de Antonio Prata, à instalação de Vik Muniz.

a) O que os textos têm em comum?

_____
_____
_____

b) O que têm de diferente?

_____
_____
_____
_____

c) Pode-se inferir a presença de valores nos textos? Se sim, quais?

_____
_____
_____
_____

QUEM É VIK MUNIZ?

Vik Muniz (1961) é um artista plástico brasileiro conhecido internacionalmente. Nasceu em São Paulo e vive em Nova Iorque (EUA).

Seu trabalho caracteriza-se pela experimentação de novas mídias e materiais. Fez, por exemplo, duas réplicas detalhadas da *Mona Lisa*, de Leonardo da Vinci, uma com geleia e outra com manteiga de amendoim. Também recriou *A última ceia*, de Leonardo da Vinci, com açúcar, fios, arame e xarope de chocolate.

Conheça mais o trabalho do artista assistindo aos vídeos:

www.youtube.com/watch?v=Dnrbf2tx3Zo

www.youtube.com/watch?v=gjEKs1ij4TY

www.youtube.com/watch?v=geunFuMJ

Exercícios

O cartum a seguir, do paulistano Seri, ganhou o 1º lugar na categoria Cartum de Ecologia, no IV Salão Internacional de Humor da Amazônia. Leia-o e responda às questões 1 a 3.

Índio.

1. Mostrando o personagem em duas situações no mesmo espaço, mas em momentos diferentes, o cartum denuncia:

   a) a destruição do meio ambiente.
   b) a exploração do trabalho infantil.
   c) a preservação das florestas brasileiras.
   d) a fome nas regiões mais pobres do país.

2. Na segunda situação, a camiseta que o menino veste indica:

   a) valorização do mundo moderno e urbano.
   b) idealização de um mundo perdido.
   c) protesto contra o aprisionamento do índio na floresta.
   d) o narcisismo do mundo moderno, simbolizado pela camiseta com a imagem de quem a usa.

3. Considerando que o cartum é intitulado *Índio*, leia estas afirmações a respeito dele:

   I. O processo de civilizar os índios leva ao progresso social do país.
   II. A destruição da floresta pode ser vista como causa e consequência do processo de aculturação do índio.
   III. O cartum questiona a ideia de progresso associada à civilização moderna.
   IV. O cartum é irônico e crítico e sugere que é próprio do ser humano destruir o que tem e depois idealizar o que perdeu.

Estão corretas:

a) I e II.

b) I, II e IV.

c) I, III e IV.

d) II, III e IV.

Leia o texto a seguir e responda às questões 4 a 8.

O cajueiro

O cajueiro já devia ser velho quando nasci. Ele vive nas mais antigas recordações de minha infância: belo, imenso, no alto do morro, atrás de casa. Agora vem uma carta dizendo que ele caiu.

Eu me lembro do outro cajueiro que era menor, e morreu há muito mais tempo. Eu me lembro dos pés de pinha, do cajá-manga, da grande touceira de espadas-de-são-jorge (que nós chamávamos simplesmente "tala") e da alta saboneteira que era nossa alegria e a cobiça de toda a meninada do bairro porque fornecia centenas de bolas pretas para o jogo de gude. Lembro-me da tamareira, e de tantos arbustos e folhagens coloridas, lembro-me da parreira que cobria o caramanchão, e dos canteiros de flores humildes, "beijos", violetas. Tudo sumira; mas o grande pé de fruta-pão ao lado de casa e o imenso cajueiro lá no alto eram como árvores sagradas protegendo a família. Cada menino que ia crescendo ia aprendendo o jeito de seu tronco, a cica de seu fruto, o lugar melhor para apoiar o pé e subir pelo cajueiro acima, ver de lá o telhado das casas do outro lado e os morros além, sentir o leve balanceio na brisa da tarde.

No último verão ainda o vi; estava como sempre carregado de frutos amarelos, trêmulo de sanhaços. Chovera; mas assim mesmo fiz questão de que Carybé subisse o morro para vê-lo de perto, como quem apresenta a um amigo de outras terras um parente muito querido.

A carta de minha irmã mais moça diz que ele caiu numa tarde de ventania, num fragor tremendo pela ribanceira; e caiu meio de lado, como se não quisesse quebrar o telhado de nossa velha casa. Diz que passou o dia abatida, pensando em nossa mãe, em nosso pai, em nossos irmãos que já morreram. Diz que seus filhos pequenos se assustaram; mas depois foram brincar nos galhos tombados.

Foi agora, em setembro. Estava carregado de flores.

(Rubem Braga. *Melhores contos*. Seleção de Davi Arrigucci Jr. 3. ed. São Paulo: Global, 1985. p. 137-138.)

4. Uma narração consiste no relato de uma sequência de fatos que acontecem em determinado tempo e espaço e na qual as personagens interagem. O narrador pode fazer o relato em 1ª ou em 3ª pessoa. A crônica de Rubem Braga apresenta:

a) um narrador em 3ª pessoa que recorda um tempo passado.

b) um narrador em 1ª pessoa que recorda um tempo passado.

c) um narrador em 1ª pessoa que narra fatos do presente e retoma fatos do passado.

d) um narrador em 3ª pessoa que narra fatos do presente e fatos do passado.

5. Na crônica lida, o elemento gerador do conflito é:

a) a carta da irmã do narrador informando-o da queda do cajueiro.

b) as recordações que o narrador tem da sua infância.

c) a morte dos parentes do narrador.

d) o susto dos sobrinhos do narrador com a queda do cajueiro.

6. O narrador demonstra ter pelo cajueiro um sentimento de:

a) saudade, porque se lembra do tempo da infância de seus filhos.

b) amor, por causa da longa convivência que teve com a árvore.

c) saudade, pois a árvore protegia a família.

d) saudade, porque era uma árvore que ele apresentara ao seu amigo Carybé.

7. O cajueiro é personificado, isto é, apresenta características ou ações próprias de seres humanos. O trecho que demonstra isso é:

a) "Ele vive nas mais antigas recordações de minha infância".

b) "Agora vem uma carta dizendo que ele caiu."

c) "No último verão ainda o vi".

d) [...] e caiu meio de lado, como se não quisesse quebrar o telhado de nossa velha casa."

8. O espaço apresentado na crônica "O cajueiro" é visto pelo narrador de um modo muito especial. Trata-se de um espaço:

a) concreto, situado em um passado repleto de recordações do narrador.

b) abstrato, situado no presente, momento em que o narrador procura se lembrar de sua infância.

c) imaginário, situado no futuro, momento em que o narrador projeta sua vida.

d) impreciso, pois nele o narrador perde a noção da distinção entre passado e presente.

Leia o texto a seguir e responda às questões 9 a 13.

A solução

O sr. Lobo encontrou o sr. Cordeiro numa reunião do Rotary e se queixou de que a fábrica do sr. Cordeiro estava poluindo o rio que passava pelas terras do sr. Lobo, matando os peixes, espantando os pássaros e, ainda por cima, cheirando mal. O sr. Cordeiro argumentou que, em primeiro lugar, a fábrica não era sua, era do seu pai, e, em segundo lugar, não podia fechá-la, pois isto agravaria o problema do desemprego na região, e o sr. Lobo certamente não ia querer bandos de desempregados nas suas terras, pescando seu peixe, matando seus pássaros para assar e comer e ainda por cima cheirando mal. Instale equipamento antipoluente, insistiu o sr. Lobo. Ora, meu caro, retrucou o sr. Cordeiro, isso custa dinheiro, e para onde iria o meu lucro? Você certamente não é contra o lucro, sr. Lobo, disse o cordeiro, preocupado, examinando o sr. Lobo [...]. Não, não, disse o sr. Lobo, mas isto não pode continuar. É uma agressão à Natureza e, o que é mais grave, à minha Natureza. Se ainda fosse à Natureza do vizinho... E se eu não parar?, perguntou o sr. Cordeiro. Então, respondeu o sr. Lobo, mastigando um salgadinho com seus caninos reluzentes, eu serei obrigado a devorá-lo, meu caro. Ao que o sr. Cordeiro retrucou que havia uma solução. Por que o senhor não entra de sócio na fábrica Cordeiro e Filho? Ótimo, disse o sr. Lobo. E desse dia em diante não houve mais poluição no rio que passava pelas terras do sr. Lobo. Ou, pelo menos, o sr. Lobo nunca mais se queixou.

(Luis Fernando Verissimo. *O Santinho*. 3. ed. Porto Alegre: L&PM, 1991. p. 41-42.)

9. O texto de Luis Fernando Verissimo recria uma das mais conhecidas fábulas de Esopo, *O lobo e o cordeiro*. Adaptando essa fábula para o contexto atual, o texto:

   a) é inteiramente semelhante à fábula de Esopo do ponto de vista da construção das personagens, do conflito e do desfecho.

   b) mostra que as ideias de Esopo a respeito da natureza e dos animais continuam sendo válidas nos dias de hoje.

c) analisa o comportamento humano em relação a problemas contemporâneos, como a poluição do meio ambiente e o predomínio de interesses financeiros.

d) constitui uma fábula moderna, porém mantém como conflito da narrativa o desejo do lobo de devorar o cordeiro.

10. No texto "A solução", qual é o conflito?

a) O encontro do sr. Lobo e do sr. Cordeiro.

b) O desejo do sr. Lobo de comer o sr. Cordeiro.

c) A poluição do rio que passava pelas terras do sr. Lobo, causada pela fábrica do sr. Cordeiro.

d) A sociedade estabelecida entre o sr. Lobo e o sr. Cordeiro.

11. As fábulas tradicionalmente apresentam uma moral. Na fábula *O lobo e o cordeiro*, de Esopo, o lobo devora o cordeiro, e a moral é: "Contra a força não há argumentos". No texto de Luis Fernando Verissimo, a moral não está explícita, mas poderia ser expressa por:

a) Os fracos sempre perdem diante dos poderosos.

b) Os interesses econômicos estão acima de tudo.

c) Os mais fortes acabam tirando vantagens e levando a melhor sobre os mais fracos.

d) Contra os poderosos não há argumentos.

12. Nas fábulas, as personagens podem ser animais e objetos inanimados. Os comportamentos delas, porém, são sempre semelhantes aos de:

a) animais.

b) seres humanos.

c) objetos.

d) seres inanimados.

13. Na fábula *O lobo e o cordeiro*, o lobo leva vantagem, por ser forte, e o cordeiro fica em desvantagem, por ser frágil. No texto de Luis Fernando Verissimo, as personagens:

a) conservam as mesmas características da fábula original.

b) adquirem características modernas — a ganância e a busca de poder.

c) adquirem outras características — a bondade e a cordialidade.

d) conservam a desconfiança e a inimizade.

Leia o texto e responda às questões 14 a 16.

(Folha de S.Paulo, 30/1/2012. Tecnologias.)

14. A história em quadrinhos tem relação com uma significativa mudança na vida dos alunos nas escolas. Essa mudança consiste:

a) no uso de livros didáticos em todas as escolas do país.

b) na contraposição entre o uso de duas tecnologias: a do papel e a digital.

c) na introdução de meios mais eficazes de aprendizagem.

d) na contraposição entre materiais naturais e industrializados.

15. O último quadrinho leva a concluir que, na visão da personagem que fala:

a) a utilização de *tablets* contribui para a preservação da natureza.

b) livros e cadernos devem ser excluídos da vida das pessoas.

c) tecnologia e livros são compatíveis.

d) a utilização de *tablets* não contribui para o aprendizado nem para a preservação da natureza.

16. Para convencer as crianças a não abandoná-los, o lápis, o livro didático e o papel lançam mão de vários tipos de argumento. Entre esses argumentos não se incluem:

a) os sentimentais.

b) os memorialistas.

c) os práticos.

d) os científicos.

Capítulo 5

Quais são meus direitos?

"Todo cidadão é igual perante a lei", é o que ouvimos desde a infância. Mas há quem diga que uns são "mais iguais" do que outros. Será isso verdade?

Leia a crônica a seguir, de Luis Fernando Verissimo, e responda às questões propostas.

A barata

Veio o *maître*, chamado pelo garçom, e perguntou:
— Algum problema, cavalheiro?
— Problema, não. Barata.
— Pois não?
— Olhe.
O *maître* olhou e viu a barata no meio da salada.
— Sim...
— "Sim" diz você. Eu digo não. Pedi uma salada *niçoise* que, até onde eu sei, não leva barata.

— Por favor, fique calmo.
— Eu estou calmo.
— Vamos trocar por outra salada.
— Eu não quero outra salada. Quero uma satisfação.
— Foi um acidente.
— "Acidente" diz você. Eu digo: não sei não. Acidente seria se uma barata perdida, separada da sua turma, entrasse na cozinha por engano e pousasse na minha salada. Mas não foi isso que aconteceu. Para começar, esta barata está morta. Não duvido que o tempero da salada esteja de matar, duvido que tenha sido o causador da morte da barata. Obviamente, a barata já estava morta antes de cair na salada. Não há sinais de violência em seu corpo, logo ela deve ter sido vítima de agentes químicos, usados numa matança generalizada de baratas e outros bichos dentro da sua cozinha. É impossível precisar quando isso se deu. Só uma autópsia da barata revelaria a hora exata da morte. A dedetização da cozinha pode estar ainda afetando os alimentos, não só adornando-os com insetos mortos como temperando-os com veneno invisível. Se isso for verdade, quero uma satisfação. Sou um cidadão. Conheço meus direitos. Isso é uma democracia.
— Vou chamar o gerente.

Veio o gerente, chamado pelo *maître*, e disse que sim, a cozinha tinha sido dedetizada, mas um mês antes. Fora fechada para a operação. Não havia perigo de intoxicação dos alimentos, nem indício de que a barata na salada fosse resultado de uma dedetização recente.

— Então — sugeriu o cliente — ela demorou a morrer. Cambaleou, agonizante, pela cozinha durante um mês, até enxergar minha salada *niçoise* e escolher esta alface como sua mortalha. Eu vou botar a boca no mundo! Onde é que estamos?!

O gerente telefonou para o dono do restaurante que dali a pouco entrou pela porta pedindo desculpas e consideração. A dedetização da cozinha fora ordenada pela Secretaria Municipal de Saúde. Para confirmar isto, o dono do restaurante tinha trazido o secretário municipal de Saúde, que disse ter agido seguindo diretrizes do Ministério da Saúde. O ministro da Saúde foi convocado e, na chegada ao restaurante, se responsabilizou por tudo. Menos pela barata. A barata na salada não podia, cronologicamente, ser uma decorrência da dedetização. A não ser que alguém da cozinha a tivesse guardado, conservado no gelo e esperado a ocasião para...

> **maître:** em restaurantes, o chefe dos garçons.
>
> **mortalha:** pano ou vestimenta com que se envolve o cadáver de uma pessoa.

O cliente interrompeu a especulação do ministro com um tapa na mesa e perguntou quem era seu superior. O ministro suspirou e tirou seu telefone celular do bolso para convocar o presidente da República, que chegou em menos de meia hora, vestido a rigor. Deixara uma recepção no palácio para atender ao chamado.

— Que foi? — perguntou o presidente.

— Olhe.

O presidente olhou e viu a barata. Disse:

— E daí?

— A responsabilidade é sua.

O presidente concordou com a cabeça. Perguntou o que o outro queria.

— Uma satisfação.

O presidente pediu desculpas. O homem não aceitou. O presidente ofereceu uma indenização. O homem não quis. Chamaram o ministro do Exército.

O general chegou e perguntou, como o *maître*:

— Algum problema, cavalheiro?

O homem apontou para a salada. O general olhou, disse "Oba, uma azeitona!", pegou a barata e engoliu. Depois o homem foi preso e processado por fazer acusações falsas ao restaurante. Era uma democracia até certo ponto.

(*Novas comédias da vida privada*. Porto Alegre: L&PM, 1996. p. 171-3.)

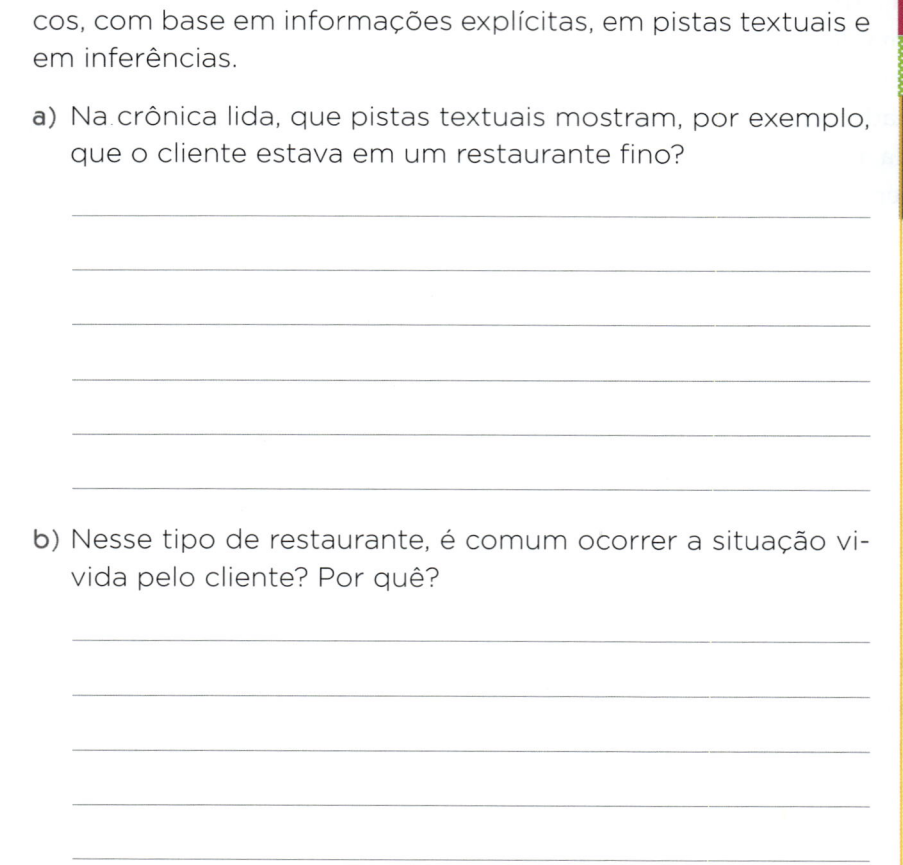

1. A leitura de um texto, isto é, sua compreensão, se dá aos poucos, com base em informações explícitas, em pistas textuais e em inferências.

    a) Na crônica lida, que pistas textuais mostram, por exemplo, que o cliente estava em um restaurante fino?

    b) Nesse tipo de restaurante, é comum ocorrer a situação vivida pelo cliente? Por quê?

QUEM É LUIS FERNANDO VERISSIMO?

O gaúcho Luis Fernando Verissimo é um dos mais importantes cronistas brasileiros da atualidade. Nascido em 1935, é filho do também escritor Érico Veríssimo.

Iniciou sua carreira como jornalista no jornal *Zero Hora*, de Porto Alegre, onde exerceu várias funções.

Sua primeira obra, *A grande mulher nua*, foi lançada em 1975. Desde então, tem publicado muitas obras de crônicas e contos, romances, literatura infantil, poesia, livros de viagens, além de colaborar em programas de humor da TV.

2. O cliente chama o garçom, que por sua vez chama o *maître*. Ao ver a barata na salada, o *maître* diz "— Sim…".

a) O que irrita profundamente o cliente?

b) Por que o *maître* pede ao cliente que fique calmo?

c) O comportamento do *maître* é o esperado para a sua função? Por quê?

3. O *maître* diz que a barata na salada foi um acidente. O cliente discorda, fazendo uma longa argumentação.

a) Que argumentos o cliente utiliza para demonstrar que a morte da barata muito provavelmente não tinha ocorrido por acidente?

b) O emprego de palavras e expressões como **causador da morte**, **sinais de violência**, **vítima**, **matança generalizada**, **autópsia** e **hora exata da morte** aproxima o texto de que outro tipo de narrativa?

c) Que efeito essa aproximação provoca no texto? Justifique sua resposta.

_____
_____
_____
_____
_____

4. O *maître* chama o gerente, que explica que a dedetização fora feita há um mês. O cliente, assim como fizera com o *maître*, responde com ironia. Identifique uma situação em que há ironia:

a) na resposta dada pelo cliente ao *maître*;

_____
_____
_____
_____
_____

b) na resposta dada pelo cliente ao gerente.

_____
_____
_____
_____
_____
_____
_____

5. Inconformado, o cliente diz: "Eu vou botar a boca no mundo!".

   a) O que ele quer dizer com a expressão **botar a boca no mundo**?

   b) Nas discussões, o cliente não aceita desculpas e exige uma "satisfação". Na sua opinião, que tipo de satisfação ele queria?

6. Aos poucos, o problema deixa de se situar na esfera da gastronomia e da higiene e passa à esfera política. Como isso ocorre no texto?

7. Na argumentação que faz, o ministro da Saúde levanta uma hipótese — "A não ser que alguém da cozinha a tivesse guardado, conservado no gelo e esperado a ocasião para..." —, mas não a conclui.

   a) Como você completaria a hipótese levantada pelo ministro?

   b) O que o cliente achou dessa hipótese? Justifique sua resposta com elementos do texto.

8. Da passagem do garçom ao presidente da República, ocorre uma crescente gradação de autoridade, mas quem resolve o problema é o general.

a) O que o gesto do general — de comer a barata, dizendo que era uma azeitona — revela a respeito dele?

_____
_____
_____

b) Por que o general, mesmo estando politicamente abaixo do presidente, foi quem conseguiu resolver o conflito?

_____
_____
_____
_____

9. Na discussão com o *maître*, o cliente afirma em certo momento: "Conheço meus direitos. Isso é uma democracia". No final do texto, o narrador diz:

> "Depois o homem foi preso e processado por fazer acusações falsas ao restaurante. Era uma democracia até certo ponto."

a) Levante hipóteses: Por que o cliente é processado por fazer "acusações falsas"?

_____
_____
_____
_____
_____

b) Segundo a visão do narrador, "Era uma democracia até certo ponto". Interprete: Que ponto é esse?

_____
_____
_____

10. Você e sua família já viveram uma situação desagradável em um restaurante? Ou uma situação de ter de recorrer a pessoas cada vez mais graduadas para tentar resolver um problema? Se sim, conte para os colegas como foi.

Palavras em contexto

1 As palavras *maître* e *niçoise* são de origem francesa. A palavra **garçom** já está aportuguesada, mas também tem origem francesa.

a) Que outras palavras da língua francesa são usadas em restaurantes ou no universo da gastronomia?

_____
_____
_____
_____

b) Conclua: Qual é a importância da cultura francesa para a gastronomia no Brasil e no mundo?

_____
_____
_____
_____

2 Após ouvir do *maître* a explicação de que a barata na salada tinha sido um acidente, o cliente diz:

> — "Acidente" diz você. Eu digo: não sei não. [...]

Por que a palavra **acidente** está entre aspas nesse trecho?

_____
_____
_____
_____
_____

3 Observe o emprego de reticências nestes dois trechos do texto:

> • "O *maître* olhou e viu a barata no meio da salada.
> — Sim..."
> • "A não ser que alguém da cozinha a tivesse guardado, conservado no gelo e esperado a ocasião para..."

a) Que efeito de sentido as reticências produzem no primeiro trecho?

_____
_____
_____
_____
_____

b) E no segundo trecho?

_____
_____
_____
_____
_____

Texto e intertexto

Leia o texto a seguir.

Clique Ciência: como funciona o prazo de alimentos?

O que determina em quanto tempo o alimento deve ser consumido com segurança, ou seja, antes de causar problema de saúde ou ter seu gosto ou textura alterados, são os chamados "testes de vida de prateleira". Este estudo, que é feito em laboratório e a partir de pequenas amostras do produto, avalia sob que condições e em quanto tempo ele se deteriorará. Os testes são feitos em um ambiente com temperatura e umidade controladas, e as amostras são checadas regularmente.

Os pesquisadores não levam em conta apenas se a quantidade de microrganismos presentes ao longo do tempo está dentro do limite estabelecido pela Anvisa (Agência Nacional de Vigilância Sanitária). Aspecto, aroma, sabor e cor também são analisados....

Geralmente, os laboratórios já têm uma ideia da validade de determinado alimento utilizando como base produtos semelhantes, como o de um concorrente. O que eles precisam fazer é checar, através desses testes, se a "previsão" é realmente verdadeira. "Mas nem sempre isso acontece, porque o uso da matéria-prima pode causar grande variação no resultado", explica Roger Barbosa, coordenador do curso de Engenharia de Alimentos da Unesp. Durante os testes, os produtos não refrigerados são submetidos à temperatura mais alta que a registrada na cidade mais quente em que eles serão vendidos, por exemplo. Isso ajuda o fabricante a ter uma ideia de como o seu produto se comportará em condições extremas.

"No caso de produtos refrigerados, o prazo será calculado tendo como base a exposição em uma prateleira de supermercado com uma temperatura já predeterminada", diz Barbosa.

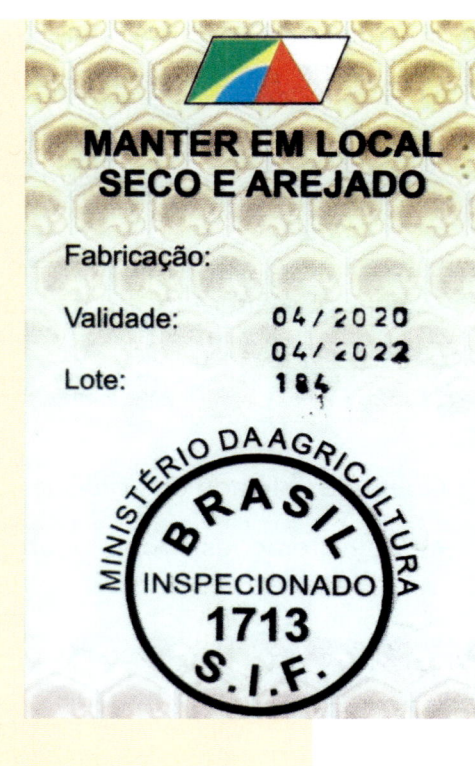

E pode comer algo vencido? A verdade é que os prazos de validade são determinados com uma certa margem de segurança. Isso significa que, se o resultado da análise de um produto der que o prazo é de três meses e 10 dias, por exemplo, a data passada para o consumidor será de três meses. Então, isso significa que podemos comer alimentos vencidos? Bom, os especialistas dizem que não.

[...]

Alimento vencido no supermercado

De acordo com o site do Idec (Instituto Brasileiro de Defesa do Consumidor), o Código de Defesa do Consumidor mostra que, quando algum alimento está com o prazo de validade vencido — ou alterado, adulterado, falsificado ou fraudado —, o fornecedor passa a ser o responsável por ressarcir o consumidor, devolvendo o dinheiro ou substituindo o produto por outro dentro do prazo de validade.

Se o problema não for visível de imediato (por exemplo, o consumidor compra um alimento embalado e somente quando abre a embalagem percebe que está estragado), o prazo para reclamação tem início na data em que o consumidor detectar o problema. Vale lembrar também que o consumo de um alimento vencido, mesmo que há apenas um dia, isenta o fabricante de qualquer responsabilidade.

(Disponível em: https://www.uol.com.br/tilt/ultimas-noticias/redacao/2016/03/08/clique-ciencia-como-funciona-o-prazo-de-validade-dos-alimentos.htm. Acesso em: 20/1/2021.)

1 A respeito do texto, responda:

a) Qual é o assunto central?

_____
_____

b) Qual é o órgão que fiscaliza e defende o consumidor quanto a alimentos vencidos, alterados ou fraudados em supermercado?

_____
_____

2 Quanto à validade dos produtos, responda:

a) Que alterações podem ocorrer com o produto, quando está com o prazo de validade vencido?

_____
_____

b) Quais consequências um alimento fora do prazo de validade pode trazer para o consumidor?

_____

3 Para garantir segurança aos consumidores, os produtos passam por testes em laboratórios.

a) Como o teste é realizado?

_____
_____
_____

b) Definido o prazo de validade de um alimento, pode-se concluir que estará estragado depois de passar o prazo?

_____
_____
_____

4 Compare a crônica de Fernando Verissimo "A barata" com o texto "Clique Ciência: como funciona o prazo de alimentos?". O que há em comum entre os textos?

_____
_____
_____

Exercícios

Leia o texto e responda às questões 1 a 3.

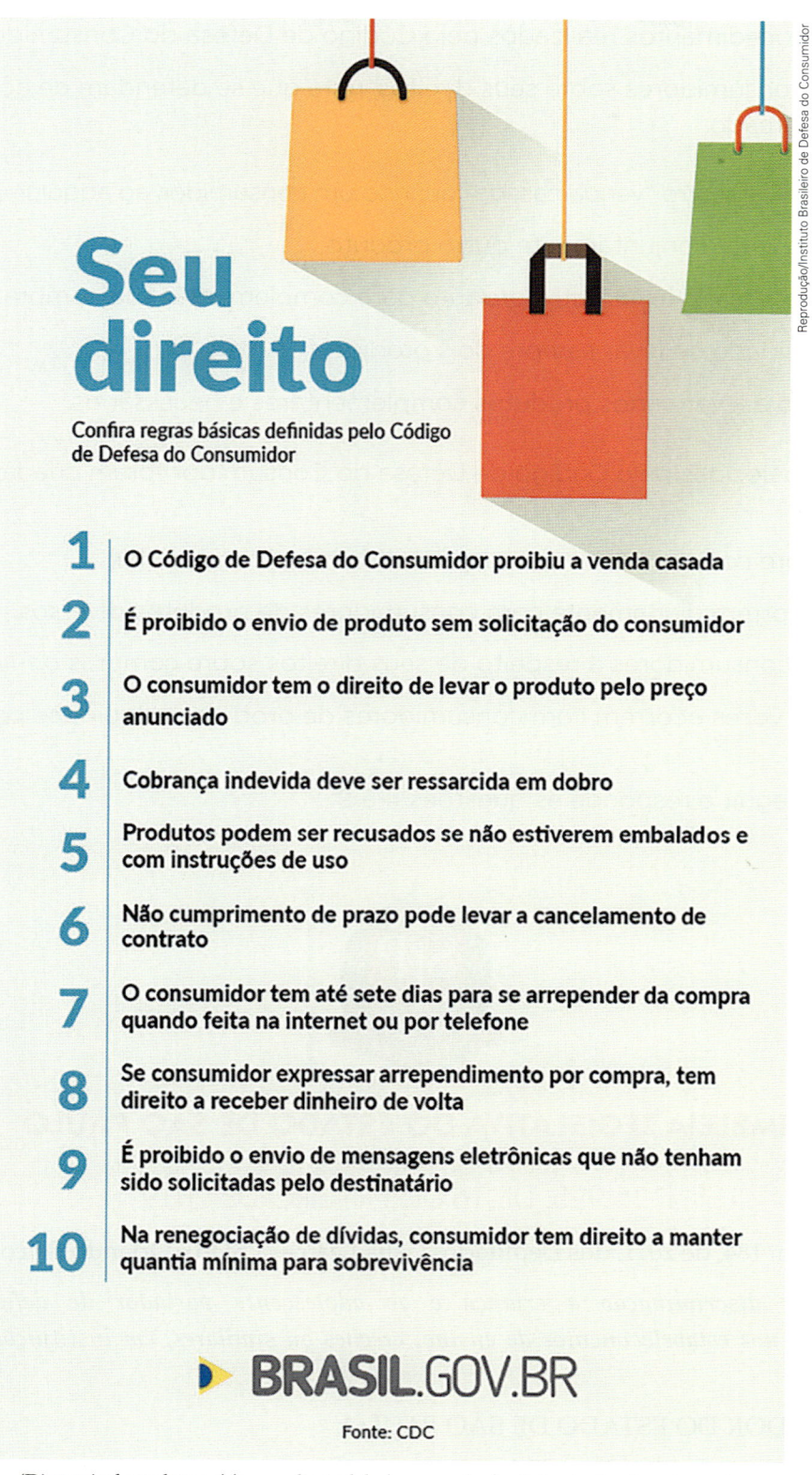

Seu direito

Confira regras básicas definidas pelo Código de Defesa do Consumidor

1. O Código de Defesa do Consumidor proibiu a venda casada
2. É proibido o envio de produto sem solicitação do consumidor
3. O consumidor tem o direito de levar o produto pelo preço anunciado
4. Cobrança indevida deve ser ressarcida em dobro
5. Produtos podem ser recusados se não estiverem embalados e com instruções de uso
6. Não cumprimento de prazo pode levar a cancelamento de contrato
7. O consumidor tem até sete dias para se arrepender da compra quando feita na internet ou por telefone
8. Se consumidor expressar arrependimento por compra, tem direito a receber dinheiro de volta
9. É proibido o envio de mensagens eletrônicas que não tenham sido solicitadas pelo destinatário
10. Na renegociação de dívidas, consumidor tem direito a manter quantia mínima para sobrevivência

BRASIL.GOV.BR

Fonte: CDC

(Disponível em: https://www.diariodebalsas.com.br/noticias/entenda-a-importancia-do-codigo-de-defesa-do-consumidor-15159.html. Acesso em: 21/1/2021.)

1. O texto tem por finalidade principal:

   a) receber denúncias do consumidor por não cumprimento das regras estabelecidas.

   b) oferecer apoio jurídico ao consumidor que se julga fraudado.

   c) comentar procedimentos realizados pelo Código de Defesa do Consumidor.

   d) orientar os consumidores sobre seus direitos, para que se defendam de ações fraudulentas do mercado.

2. Pode-se inferir que ocorre "venda casada" quando um consumidor, ao adquirir um produto:

   a) é obrigado a levar conjuntamente outro produto.

   b) considera necessário levar outro produto para complementar sua compra.

   c) sente necessidade de levar sempre dois produtos ou mais.

   d) é incentivado a levar vários produtos complementares e necessários.

3. As regras estabelecidas pelo Código de Defesa do Consumidor foram criadas porque se baseiam em:

   a) opiniões sobre compras enviadas sem solicitação do consumidor.

   b) fatos que ocorrem diariamente com consumidores de produtos diversos.

   c) opiniões de consumidores a respeito de seus direitos sobre compras *on-line*.

   d) fatos que às vezes ocorrem com consumidores de produtos adquiridos por telefone.

Leia o texto a seguir e responda às questões 4 a 9.

ASSEMBLEIA LEGISLATIVA DO ESTADO DE SÃO PAULO

LEI Nº 16.925, DE 16 DE JANEIRO DE 2019

(Projeto de lei nº 184, de 2011, dos Deputados Célia Leão — PSDB e Orlando Bolçone — PSB)

Veda qualquer discriminação à criança e ao adolescente portador de deficiência ou doença crônica nos estabelecimentos de ensino, creches ou similares, em instituições públicas ou privadas.

O GOVERNADOR DO ESTADO DE SÃO PAULO:

Faço saber que a Assembleia Legislativa decreta e eu promulgo a seguinte lei:

Artigo 1º - É vedada a discriminação à criança e ao adolescente portador de deficiência ou qualquer doença crônica nos estabelecimentos de ensino, creches ou similares, em instituições públicas ou privadas.

Artigo 2º - O estabelecimento de ensino, creche ou similar, deverá capacitar seu corpo docente e equipe de apoio para acolher a criança e o adolescente portador de deficiência ou doença crônica, propiciando-lhe a integração a todas as atividades educacionais e de lazer que sua condição pessoal possibilite.

Artigo 3º - Para os efeitos desta lei consideram-se deficiência ou doença crônica aquela que se refere a quaisquer pessoas que tenham desabilidade física ou mental, que limite substancialmente uma ou mais atividades importantes da vida, e:

I - deficiência: toda e qualquer incapacidade ou desabilidade, física ou mental, que limite parcial ou substancialmente uma ou mais atividades fundamentais da pessoa no seu dia a dia;

II - doença crônica: toda e qualquer enfermidade não contagiosa de caráter permanente que limite total ou parcialmente uma ou mais atividades diárias fundamentais ou que requeiram medicação e tratamento específico, tais como alergias, diabete tipo I, hepatite tipo C, epilepsia, anemia hereditária, asma, síndrome de Tourette, lúpus, intolerância alimentar de qualquer tipo.

Artigo 4º - Vetado.

Artigo 5º - As sanções aplicáveis aos que praticarem atos de discriminação nos termos desta lei serão as seguintes:

I - advertência;

II - multa de até 1.000 (mil) Unidades Fiscais do Estado de São Paulo - UFESPs;

III - multa de até 3.000 (três mil) UFESPs, em caso de reincidência;

IV - vetado;

V - vetado.

§ 1º - Vetado.

§ 2º - Vetado.

Artigo 6º - Na apuração dos atos discriminatórios praticados com violação desta lei, deverão ser observados os procedimentos previstos na Lei nº 10.177, de 30 de dezembro de 1998, que regula o processo administrativo no âmbito da Administração Pública Estadual.

Artigo 7º - Esta lei entra em vigor na data de sua publicação.

Palácio dos Bandeirantes, 16 de janeiro de 2019.

JOÃO DORIA

Rossieli Soares da Silva

Secretário da Educação

Paulo Dimas Debellis Mascaretti

Secretário da Justiça e Cidadania

Antonio Carlos Rizeque Malufe

Respondendo pelo expediente da Casa Civil

Publicada na Assessoria Técnica da Casa Civil, em 16 de janeiro de 2019.

(Disponível em: https://www.al.sp.gov.br/repositorio/legislacao/lei/2019/lei-16925-16.01.2019.html. Acesso em: 21/1/2021.)

4. Pelas características do texto, trata-se:

   a) de artigos publicados pelo governo de São Paulo.

   b) de artigos publicados pela Assembleia Legislativa do Estado de São Paulo.

   c) da promulgação e da decretação de uma lei de âmbito estadual que visa combater a discriminação nas escolas.

   d) de um projeto de lei que visa garantir direitos de crianças com deficiência em instituições públicas e privadas de ensino.

5. O texto tem como tema central:

   a) a apuração dos atos discriminatórios praticados com violação da Lei nº 10.177, de 30 de dezembro de 1998.

   b) comentar sobre a enfermidade não contagiosa de caráter permanente que limite total ou parcialmente uma ou mais atividades diárias fundamentais ou que requeira medicação e tratamento específico.

   c) a avaliação do estabelecimento de ensino, creche ou similar, que deverá capacitar seu corpo docente e equipe de apoio para acolher a criança e o adolescente com incapacidade física ou mental.

   d) a proibição de discriminação à criança e ao adolescente portador de deficiência ou qualquer doença crônica nos estabelecimentos de ensino, públicos ou privados.

6. O não cumprimento da lei tem como consequências:

   a) advertências.

   b) multas.

   c) advertências e multas.

   d) apuração policial dos fatos.

7. A lei se aplica:

   a) a todos os estabelecimentos de ensino públicos ou privados.

   b) apenas às escolas públicas.

   c) a todas as escolas particulares e creches do governo.

   d) a todas as creches particulares.

8. A estrutura e a linguagem do texto colaboram para:

   a) simplificar o conteúdo do texto.

   b) conferir maior clareza e objetividade às ideias.

   c) ampliar o conteúdo do texto.

   d) amenizar os termos técnicos e facilitar a leitura.

9. As leis costumam ser organizadas em partes menores: artigos, parágrafos e incisos. A lei lida apresenta:

   a) 7 artigos, incisos nos artigos 3º e 5º e dois parágrafos ligados ao artigo 5º.

   b) 5 artigos, parágrafos nos artigos 3º e 5º e incisos ligados ao artigo 5º.

   c) 7 artigos, parágrafos nos artigos 3º e 5º e incisos ligados ao artigo 5º.

   d) 5 artigos, incisos nos artigos 3º e 5º e parágrafos ligados ao artigo 5º.

Leia o texto abaixo e responda às questões 10 a 14.

45 dias para entregar um barbeador e não entregam!

Comprei um barbeador em SETEMBRO para ser entregue em casa. Não entregaram na data prevista e deram outra data, mas também não foi entregue. Reclamei várias vezes, por e-mail e telefone. Dizem que não conseguem saber o paradeiro da mercadoria e pedem mais prazo. Ontem, dia 3/11, recebi mensagem para ir retirar na loja. Acabo de chegar de lá: o produto não estava lá e vão fazer novo rastreamento. Se extraviaram o produto, o problema é da empresa. Que entreguem meu barbeador rapidamente e depois o rastreiem, a fim de saber onde ele se encontra. É assim que se deveria tratar o cliente. Lamentável!!! Não adianta inovarem em tecnologia para se comunicar com os clientes, se o serviço não funciona. A empresa perdeu o cliente.

(Disponível em: https://www.reclameaqui.com.br/. Acesso em: 21/1/2021.)

10. Pelas características do texto, trata-se de:

    a) uma carta comercial, pois aborda a compra de um produto.

    b) uma carta pessoal, pois o sujeito se coloca em 1ª pessoa.

    c) uma carta de reclamação, na qual o remetente reclama por não ter recebido o produto.

    d) uma carta informativa, na qual o remetente informa que comprou um produto.

11. A palavra **setembro** está escrita em caixa-alta com a intenção de:

    a) indicar o mês que foi adquirido o produto.

    b) indicar a entrega do produto.

    c) chamar a atenção para o tempo decorrido desde que o produto foi comprado.

    d) comunicar a compra e a chegada do aparelho em sua casa.

12. O cliente está indignado com a postura da loja. O adjetivo que demonstra claramente seu desapontamento como consumidor é:

a) lamentável.
b) reclamei.
c) recebi.
d) rapidamente.

13. O cliente se sente:

a) atendido em sua reclamação e provavelmente indicará a empresa para outras pessoas.
b) desrespeitado como consumidor e provavelmente não comprará mais dessa empresa.
c) desrespeitado como consumidor, porém atendido em sua reclamação.
d) atendido em sua reclamação, porém provavelmente não comprará mais produtos da empresa.

14. O texto foi enviado para um *site* de reclamações que tem como objetivo:

a) denunciar e punir publicamente fornecedores de vendas *on-line*.
b) mediar publicamente o relacionamento entre os clientes.
c) por meio da exposição do fato, facilitar o entendimento entre fornecedor e cliente.
d) publicar a reclamação em redes sociais.

Leia este cartum, de Santiago, e responda às questões 15 a 19.

(*Tinta fresca*. Porto Alegre: L&PM, 2004. p. 80.)

15. Os personagens que aparecem no cartum são, provavelmente:

a) marido e mulher.

b) vizinhos.

c) sogra e genro.

d) dono da mercearia e cliente.

16. A expressão facial da mulher sugere que ela está:

a) com raiva.

b) contente.

c) eufórica.

d) indiferente.

17. Nos cartuns, as linguagens verbal e não verbal se complementam para construir sentido. O elemento visual que responde à pergunta do homem é:

a) a imagem da mulher.

b) a imagem das caixas de legumes.

c) a imagem dos pintinhos.

d) a imagem do balcão de frios.

18. O humor do cartum só pode ser captado se o leitor inferir que:

a) os ovos estavam estragados e ela foi reclamar a troca.

b) os pintinhos acompanham a mulher por serem de estimação.

c) a mulher foi comprar mais ovos.

d) os ovos não eram frescos, a ponto de já terem nascido pintinhos deles em pouco tempo.

19. O elemento da linguagem não verbal que comprova a resposta anterior é:

a) o código do consumidor que ela tem nas mãos para mostrar para o homem.

b) o código do consumidor que ela tem nas mãos, demonstrando pouco conhecimento sobre seus direitos.

c) o código do consumidor que ela tem nas mãos, demonstrando que se sentiu lesada em sua compra.

d) o código do consumidor que ela tem nas mãos, demonstrando que gostou da compra.

Capítulo 6

A magia das palavras

Você já pensou para que serve a arte? Para nos divertir? Para entreter? Para emocionar? E já pensou no poder mágico que as palavras podem ter? Segundo Rubem Alves, "o poder das palavras não está nelas mesmas. Está no jeito como as lemos". O que você acha?

Leia a crônica a seguir, de Rubem Braga, e responda às questões propostas.

Meu ideal seria escrever...

Meu ideal seria escrever uma história tão engraçada que aquela moça que está doente naquela casa cinzenta quando lesse minha história no jornal risse, risse tanto que chegasse a chorar e dissesse — "ai meu Deus, que história mais engraçada!". E então a contasse para a cozinheira e telefonasse para duas ou três amigas para contar a história; e todos a quem ela contasse rissem muito e ficassem alegremente espantados de vê-la tão alegre. Ah, que minha história fosse como um raio de sol, irresistivelmente louro, quente, vivo, em sua vida de moça reclusa, enlutada, doente. Que ela mesma ficasse admirada ouvindo o próprio riso, e depois repetisse para si própria — "mas essa história é mesmo muito engraçada!".

Que um casal que estivesse em casa mal-humorado, o marido bastante aborrecido com a mulher, a mulher bastante irritada com o marido, que esse casal também fosse atingido pela minha história. O marido a leria e começaria a rir, o que aumentaria a irritação da mulher. Mas depois que esta, apesar de sua má vontade, tomasse conhecimento da história, ela também risse muito, e ficassem os dois rindo sem poder olhar um para o outro sem rir mais; e que um, ouvindo aquele riso do outro, se lembrasse do alegre tempo de namoro, e reencontrassem os dois a alegria perdida de estarem juntos.

Que nas cadeias, nos hospitais, em todas as salas de espera a minha história chegasse — e tão fascinante de graça, tão irresistível, tão colorida e tão pura que todos limpassem seu coração com lágrimas de alegria; que o comissário do distrito, depois de ler minha história, mandasse soltar aqueles bêbados e também aquelas pobres mulheres colhidas na calçada e lhes dissesse — "por favor, se comportem, que diabo! Eu não gosto de prender

David Martins/Arquivo da editora

ninguém!". E que assim todos tratassem melhor seus empregados, seus dependentes e seus semelhantes em alegre e espontânea homenagem à minha história.

E que ela aos poucos se espalhasse pelo mundo e fosse contada de mil maneiras, e fosse atribuída a um persa, na Nigéria, a um australiano, em Dublin, a um japonês, em Chicago — mas que em todas as línguas ela guardasse a sua frescura, a sua pureza, o seu encanto surpreendente; e que no fundo de uma aldeia da China, um chinês muito pobre, muito sábio e muito velho dissesse: "Nunca ouvi uma história assim tão engraçada e tão boa em toda a minha vida; valeu a pena ter vivido até hoje para ouvi-la; essa história não pode ter sido inventada por nenhum homem, foi com certeza algum anjo tagarela que a contou aos ouvidos de um santo que dormia, e que ele pensou que já estivesse morto; sim, deve ser uma história do céu que se filtrou por acaso até nosso conhecimento; é divina".

E quando todos me perguntassem — "mas de onde é que você tirou essa história?" — eu responderia que ela não é minha, que eu a ouvi por acaso na rua, de um desconhecido que a contava a outro desconhecido, e que por sinal começara a contar assim: "Ontem ouvi um sujeito contar uma história...".

E eu esconderia completamente a humilde verdade: que eu inventei toda a minha história em um só segundo, quando pensei na tristeza daquela moça que está doente, que sempre está doente e sempre está de luto e sozinha naquela pequena casa cinzenta de meu bairro.

(In: *Elenco de cronistas modernos*. 12. ed. Rio de Janeiro: José Olympio, 1992. p. 197-199.)

QUEM É RUBEM BRAGA?

Rubem Braga (1913–1990) nasceu em Cachoeiro de Itapemirim (ES). Estudou Direito no Rio de Janeiro e em Belo Horizonte, mas ainda estudante começou a exercer a profissão de jornalista, no *Diário da Tarde*, na capital mineira.

Como jornalista, trabalhou em diversas capitais brasileiras e em diferentes jornais e foi correspondente internacional em vários países do mundo.

Em 1936, publicou seu primeiro livro de crônicas, *O conde e o passarinho*, seguido por muitos outros, como *Um pé de milho* (1948), *Ai de ti, Copacabana* (1960) e *Recado de primavera* (1984).

1. O narrador da crônica fala de seu desejo de escrever uma história engraçada, que atingisse as mais diferentes pessoas. Observe os quatro primeiros parágrafos. Quem ele gostaria que fosse atingido por sua história, segundo o que diz:

a) no 1º parágrafo?

b) no 2º parágrafo?

c) no 3º parágrafo?

d) no 4º parágrafo?

2. Observe, nos três primeiros parágrafos, o perfil das pessoas a quem o narrador gostaria de atingir com sua história. O que elas têm em comum?

3. No 1º parágrafo, o narrador descreve as características da moça de seu bairro.

   a) Como ele caracteriza essa moça? Justifique sua resposta com palavras e expressões do texto.
   _____

   b) Levante hipóteses: O que teria levado a moça a ficar como o narrador descreve?
   _____
   _____

4. O narrador gostaria que sua história mudasse a vida da moça de seu bairro. E faz uma comparação entre a história que gostaria de escrever e um raio de sol.

   a) Quais seriam as características de sua história?
   _____
   _____

   b) Compare as características da moça do bairro do narrador às características da história que ele gostaria de criar. Entre elas há uma relação de:

   - semelhança.
   - complementação.
   - oposição.
   - causa e efeito.

5. O narrador afirma que gostaria que sua história levasse o riso às pessoas.

   a) O que o riso representaria para a moça triste e para o casal de que o narrador fala no 2º parágrafo?
   _____

   b) De acordo com o desejo do narrador, o que a história conseguiria resgatar? O que isso significaria para o relacionamento do casal?
   _____
   _____
   _____

6. A história levaria às prisões e aos hospitais não apenas o riso ou a graça.

   a) O que mais ela levaria? Identifique no texto palavras ou expressões que justifiquem sua resposta.
   _____

   b) Que efeito a história teria sobre os sentimentos das pessoas e o relacionamento entre elas?
   _____

7. No 4º parágrafo, o narrador imagina o alcance de sua história em outras partes do mundo. Observe estes trechos:

- "e fosse atribuída a um persa, na Nigéria"
- "a um australiano, em Dublin"
- "a um japonês, em Chicago"

a) Onde ficam a Nigéria, Dublin e Chicago?

b) Que incoerência você nota nesses trechos?

c) Levante hipóteses: Com que finalidade o narrador mistura nacionalidades e lugares?

d) Independentemente de nacionalidades, línguas e lugares, o que a história criada pelo autor deveria manter? Por quê?

8. No 1º parágrafo, a história pareceria muito engraçada à moça. No 4º parágrafo, ela seria considerada divina por um chinês. Que mudança vai ocorrendo com a história, quanto ao seu caráter e seu poder, do 1º ao 4º parágrafo?

9. Nos dois últimos parágrafos, o narrador regressa de seu sonho e volta ao ponto de partida do texto.

a) Levante hipóteses: Por que o narrador preferiria dizer que a história não era sua, quando lhe perguntassem como ele a tinha criado?

b) No último parágrafo, o narrador revela sua "humilde verdade": a história teria sido inventada em um segundo, a partir da tristeza da moça de seu bairro. Que tipo de sentimento ele revela ter em relação à moça?

10. O texto lido apresenta metalinguagem, isto é, linguagem que fala de linguagem, seja do mesmo tipo de linguagem, seja de outras linguagens.

   a) Como se dá a metalinguagem na crônica lida?

   b) Conclua: Qual é o tema central da crônica "Meu ideal seria escrever..."?

11. O escritor russo Liev Tolstói (1828-1910), ao se referir ao alcance que uma obra literária pode ter, afirmou certa vez: "Se queres ser universal, começa por pintar a tua aldeia".

   a) A história que o narrador gostaria de escrever teria alcance universal?

   b) Na sua opinião, a crônica de Rubem Braga é universal, mesmo partindo de uma situação aparentemente comum do cotidiano? Por quê?

   c) A seu ver, a crônica de Rubem Braga produz o efeito que o narrador imaginava obter com sua história? Por quê?

12. Muitos teóricos afirmam que a arte tem um papel humanizador. O que significa isso? Você concorda? Você já teve uma experiência com uma obra de arte — de literatura, de pintura, de cinema, de teatro, etc. — que o(a) tenha sensibilizado(a)? Se sim, conte para os colegas como foi.

Palavras em contexto

1 Releia o seguinte trecho do texto e observe o emprego dos verbos destacados:

> "Meu ideal **seria** escrever uma história tão engraçada que aquela moça que está doente naquela casa cinzenta quando **lesse** minha história no jornal **risse**, **risse** tanto que **chegasse** a chorar e **dissesse** [...]."

a) Em que tempo e modo está a forma verbal **seria**?
_____

b) Em que tempo estão as formas verbais **lesse**, **risse**, **chegasse** e **dissesse**?
_____

c) Quando é que empregamos esses tempos e modos verbais?
_____
_____
_____

d) Na crônica lida, esses tempos e modos verbais foram muito empregados. O que justifica esse emprego?
_____
_____
_____
_____
_____

2 Explique o efeito de sentido decorrente da repetição verbal em "quando lesse minha história no jornal **risse**, **risse** tanto que chegasse a chorar", no 1º parágrafo.

_____

_____

3 Observe estes trechos do 1º parágrafo:

> • "[...] — '**ai** meu Deus, que história mais engraçada!'."
> • "**Ah**, que minha história fosse como um raio de sol [...]."

As palavras **ai** e **ah** são **interjeições**, ou seja, incluem-se entre as palavras que expressam emoções, sensações e estados de espírito.

a) Qual é o sentido da palavra **ai** no primeiro trecho?

_____

b) Qual é o sentido da palavra **ah** no segundo trecho?

_____

Texto e intertexto

Leia este poema, de Mário Quintana:

Os poemas

Os poemas são pássaros que chegam
não se sabe de onde e pousam
no livro que lês.
Quando fechas o livro, eles alçam voo
como de um alçapão.
Eles não têm pouso
nem porto
alimentam-se um instante em cada par de mãos
e partem.
E olhas, então, essas tuas mãos vazias,
no maravilhado espanto de saberes
que o alimento deles já estava em ti...

(*Nariz de vidro*. São Paulo: Moderna, 1984. p. 12.)

1 O eu lírico dirige-se ao seu interlocutor na 2ª pessoa do singular (tu). Veja:

> "Quando [tu] **fechas** o livro, eles alçam voo como de um alçapão."

Levante hipóteses: Quem é o interlocutor do eu lírico?

_____

2 No primeiro verso do poema, lemos: "Os poemas são pássaros que chegam". A aproximação de sentido entre **poemas** e **pássaros** constitui a figura de linguagem chamada **metáfora**. Esse recurso poético consiste na designação de um ser com o nome de outro ser e é resultado de uma comparação entre os dois seres.

a) No poema, o que há em comum entre poemas e pássaros e que, assim, levou à construção da metáfora?

_____
_____

b) Por que, de acordo com o eu lírico, os poemas "alçam voo" quando o leitor fecha o livro?

_____
_____

3 Considere os três últimos versos do poema, troque ideias com os colegas e interprete: Qual é o alimento que os pássaros procuram nas mãos dos leitores?

_____
_____
_____

4 Compare a crônica "Meu ideal seria escrever...", de Rubem Braga, com o poema de Mário Quintana e assinale a afirmação correta.

a) Os dois textos são metalinguísticos, pois têm como tema o ato de escrever.

b) Os dois textos pertencem ao mesmo gênero e, por isso, têm o mesmo objetivo poético.

c) Os dois textos pertencem ao mesmo gênero e têm o objetivo de tornar as pessoas mais sorridentes e felizes.

d) Os dois textos são metalinguísticos, pois abordam o tema de como fazer poesia.

Exercícios

Leia o texto a seguir e responda às questões 1 a 5.

Loucura mansa

Para mim é difícil falar simplesmente de gosto pelos livros, porque em matéria de livros meu caso é muito mais grave: é um amor que vem desde a infância, que me tem proporcionado a vida inteira e, ainda acima disto, é incurável. Não se trata por isso de um interesse periférico, e o prazer que me tem acompanhado em todo este longo percurso faz com que tenha procurado, permanentemente, desejar que muito mais pessoas possam também desfrutá-lo. Daí eu aproveitar qualquer oportunidade que me surja (e esta espero que seja uma delas) para inocular o vírus do amor ao livro em todos os possíveis leitores que já não o tenham adquirido anteriormente.

O prazer que o livro pode trazer tem múltiplos aspectos. O primeiro, fundamental, que é óbvio, mas muita gente não se dá conta disso, é o da leitura, através da qual se estabelece um contato com o mundo exterior que abre, para o leitor, horizontes ilimitados. O livro informa, distrai, enriquece o espírito, põe a imaginação em movimento, provoca tanto reflexão como emoção; é, enfim, um grande companheiro. Companheiro ideal, aliás, pois está sempre à disposição, não cria problemas, não se ofende quando é esquecido, e se deixa retomar sem histórias, a qualquer hora do dia ou da noite que o leitor deseja.

Brincadeira à parte, creio que a utilidade do livro é indiscutível, pois dá permanência ao pensamento humano. Sem o livro, não teríamos chegado a conhecer a obra dos filósofos, dramaturgos e cientistas da Antiguidade e da Idade Média. A invenção dos tipos móveis por Gutenberg no século XV, permitindo o surgimento do livro impresso, foi uma revolução comparável, e diria mesmo até superior, à que resultou da informática, pelo menos até agora.

De lá para cá, foram se formando as grandes bibliotecas, e aí surge o segundo prazer: possuir o livro, que, além do conteúdo, também pode ser apreciado como objeto de arte, pela ilustração, diagramação, papel, tipografia, ou encadernação. O primeiro livro que se adquire provoca a busca de outros, e, em pouco tempo, começa a formar-se a biblioteca, em que por sua vez se formam as mais variadas coleções: autores, assuntos, edições, raridades, manuscritos, e muitos *et ceteras*.

Há o prazer intelectual da leitura, e o prazer físico do contato com o livro. Falo sempre de loucura mansa, e posso assegurar que não é só mansa: é também prazerosa. Sugiro a quem ainda não a tenha que procure contraí-la.

(José Mindlin. *In*: Julio Silveira e Martha Ribas (org.). *A paixão pelos livros*. Rio de Janeiro: Casa da Palavra, 2004. p. 15-16.)

1. No texto, José Mindlin defende a tese de que:

   a) leitura é uma doença incurável.

   b) o amor aos livros nasce na infância e acompanha as pessoas a vida toda.

   c) a utilidade do livro é indiscutível.

   d) foi Gutenberg quem, ao inventar os tipos móveis no século XV, possibilitou o surgimento do livro impresso.

2. O argumento principal que sustenta a tese defendida no texto é o de que o livro:

   a) cumpre o papel de registrar e preservar o pensamento humano.

   b) provoca um prazer intelectual.

   c) informa, distrai, enriquece o espírito e a imaginação.

   d) proporciona ao ser humano mais benefícios do que a informática.

3. Releia este trecho do texto:

   > "A invenção dos tipos móveis por Gutenberg no século XV, permitindo o surgimento do livro impresso, foi uma revolução comparável, e diria mesmo até superior, à que resultou da informática, pelo menos até agora."

   Esse comentário do escritor expressa:

   a) um fato.

   b) uma opinião.

   c) uma informação.

   d) uma constatação.

4. Para o autor, o livro proporciona diversos prazeres, entre os quais se destaca:

   a) uma compreensão do mundo interior.

   b) o do contato físico com o livro.

   c) o do enriquecimento do espírito.

   d) o de ser uma boa companhia à hora que quisermos.

5. José Mindlin finaliza o texto dizendo que seu hábito de reunir e preservar livros é uma "loucura mansa", que ele considera uma doença:

   a) que não contagia.

   b) contagiosa.

   c) saudável.

   d) que deve ser evitada.

Leia o texto a seguir e responda às questões 6 e 7.

O remédio é ler

Livros de autoajuda ganham status de medicamento na Inglaterra e são receitados para pacientes com distúrbios mentais leves ou moderados

Médicos da Inglaterra vão prescrever livros, além de medicamentos, para pacientes com ansiedade e depressão.

Numa iniciativa endossada pelo governo e que tem o apoio de associações médicas, médicos vão encaminhar pacientes a bibliotecas em busca de uma série de títulos de autoajuda voltados a pessoas com problemas de saúde mental entre leves e moderados.

Os pacientes também estão sendo encorajados a buscar o que a revista "The Bookseller" descreve como "romances e livros de poesia edificantes ou inspiradores".

Destacando a capacidade terapêutica da literatura, a organização Reading Agency (que promove a leitura no Reino Unido) citou pesquisas indicando que ler reduz os níveis de estresse em 67%.

A entidade — que é parceira do programa "Livros sob Receita", anunciado no início deste mês — disse que, de acordo com o "New England Journal of Medicine", a leitura reduz o risco de demência em mais de um terço.

[...]

(Disponível em: www1.folha.uol.com.br/fsp/equilibrio/94464-o-remedio-e-ler.shtml. Acesso em: 11/2/2021.)

6. Assinale a alternativa em que os trechos do texto reproduzidos expressam, de fato, relação de causa e consequência.

a) "médicos vão encaminhar pacientes a bibliotecas" (causa) / "em busca de uma série de títulos de autoajuda" (consequência)

b) "Os pacientes também estão sendo encorajados" (consequência) / "a buscar o que a revista 'The Bookseller' descreve" (causa)

c) "a organização Reading Agency (que promove a leitura no Reino Unido)" (consequência) / "citou pesquisas" (causa)

d) "ler" (causa) / "reduz os níveis de estresse em 67%" (consequência)

7. Indique a causa relacionada à consequência mencionada neste trecho: "médicos vão encaminhar pacientes a bibliotecas em busca de uma série de títulos de autoajuda".

a) Os livros têm substituído os medicamentos com sucesso.

b) Livros de autoajuda, por seu teor filosófico, são o tratamento mais eficaz para pessoas com ansiedade e depressão.

c) "[...] ler reduz os níveis de estresse em 67%."

d) Livros de autoajuda eliminam o estresse e, por isso, são um excelente recurso para pôr fim à ansiedade e à depressão.

Leia o texto a seguir e responda às questões 8 a 11.

O Brasil perde 4,6 milhões de leitores entre 2015 e 2019, segundo apontou a pesquisa "Retratos da leitura no Brasil", divulgada nesta sexta (11). O levantamento, feito pelo Instituto Pró-Livro em parceria com o Itaú Cultural, foi realizado em 208 municípios de 26 estados entre outubro de 2019 e janeiro de 2020.

Apenas pouco mais da metade dos brasileiros tem hábitos de leitura: 52% (ou 100,1 milhões de pessoas). O resultado é 4% menor do que o registrado em 2015, quando a porcentagem de leitores no país era de 56%. A média de livros inteiros lidos em um ano se manteve estável: 4,2 livros por pessoa.

Em um recorte socioeconômico, as classes enfrentam um paradoxo: A e B têm níveis mais altos de leitura do que C, D e E, mas também tiveram as maiores quedas entre 2015 e 2019. Enquanto o número de leitores diminuiu 12% na classe A e 10% na B, a queda entre D e E foi de apenas 5% desde a última pesquisa.

Já em uma divisão por idade, a única faixa etária que teve aumento de leitores foi a de crianças entre os 5 a 10 anos. Todas as outras, incluindo adolescentes, jovens e adultos, leram menos em relação à última pesquisa. Mesmo com a queda, os pré-adolescentes de 11 a 13 compõem a faixa etária que mais lê no país: 81%.

Veja, abaixo, outros destaques da pesquisa:

- Segundo a pesquisa, mulheres leram mais que homens, e brancos leram mais que negros em 2019. Foi a primeira vez que a pesquisa adotou um recorte por raça;
- A região Norte teve a maior porcentagem de leitura no país, enquanto o Centro-Oeste registrou o pior índice: Norte (63%), Sul (58%), Sudeste (51%), Nordeste (48%) e Centro-Oeste (46%);
- A "Bíblia" foi o livro mais citado pelos leitores na pesquisa de gêneros literários. Mas mesmo ocupando o primeiro posto, a leitura da "Bíblia" diminuiu nos últimos quatro anos: passou de 42% em 2015 para 35% em 2019;
- Livros religiosos ocuparam o terceiro lugar. Assim, duas posições do Top 3 são de religião;
- Machado de Assis, Monteiro Lobato e Augusto Cury foram os autores preferidos do público;
- Entre os 15 autores mais citados, há apenas quatro mulheres: Zibia Gasparetto, Clarice Lispector, Jk Rowling e Agatha Christie;
- Mais da metade dos leitores lê por indicação da escola ou de professores.

(Disponível em: https://g1.globo.com/pop-arte/noticia/2020/09/11/brasil-perde-46-milhoes-de-leitores-em-quatro-anos-com-queda-puxada-por-mais-ricos.ghtml. Acesso em: 11/2/2021.)

8. A pesquisa adotou o critério de:

a) idade e gênero.

b) idade, gênero e religião.

c) idade, gênero e situação socioeconômica.

d) idade, gênero, raça, região e situação socioeconômica.

9. A finalidade da pesquisa é observar no período entre 2015 e 2019:

a) quantas e quais pessoas leem regularmente e o que leem.

b) o comportamento dos leitores jovens e dos leitores adultos.

c) o interesse das crianças pela leitura.

d) o aumento do número de leitores entre as classes A e B.

10. Segundo a pesquisa, em relação à leitura, a escola tem um papel:

a) secundário na formação de leitores, pois os alunos não gostam dos livros indicados.

b) inexpressivo na formação de leitores, pois a escola não indica livros.

c) importante na formação de leitores, pois mais da metade deles lê por indicação de professores.

d) importante na formação de leitores, pois a escola é totalmente responsável pela leitura praticada no país.

Releia o trecho:

> "Em um recorte socioeconômico, as classes enfrentam um paradoxo: A e B têm níveis mais altos de leitura do que C, D e E, mas também tiveram as maiores quedas entre 2015 e 2019. Enquanto o número de leitores diminuiu 12% na classe A e 10% na B, a queda entre D e E foi de apenas 5% desde a última pesquisa."

11. A situação é considerada um paradoxo porque:

a) todas as classes sociais apresentaram queda de leitura entre 2015 e 2019.

b) espera-se que classes de nível mais alto leiam mais.

c) as classes sociais C, D e E leram menos que as classes A e B.

d) as classes A e B perderam 5% de seus leitores entre 2015 e 2019.

Leia a tira e responda às questões 12 e 13.

(Disponível em: https://tirasarmandinho.tumblr.com/. Acesso em: 8/2/2021.)

12. Levante hipóteses: A palavra **ralados**, do português informal, no contexto da tira apresenta o sentido de:

a) assustados.

b) alegres.

c) complicados.

d) extasiados.

13. O comentário de Armandinho permite inferir que o pai provavelmente:

a) leu silenciosamente ao lado do filho.

b) brincou bastante com o filho.

c) leu alguma história da qual Armandinho gostou muito.

d) adormeceu antes de ler para o filho.

Leia estes versos do poeta português José Jorge Letria e responda às questões 14 a 18.

Com versos da cor da lua
és tão grande e pequenino
como esta página branca
em que leio o teu destino.
Dorme agora sossegado
como as nuvens à noitinha
que eu fico aqui a teu lado
com a tua mão na minha.

[...]

Cada palavra que leres
há de alargar o teu mundo
acrescentando sentido
ao que sabes lá no fundo,
e aquilo que tu nomeias
passa a ter nome e lugar,
tesouro de sons soletrado
quando te pões a falar.

Cada palavra que dizes,
mesmo que seja hesitante,
tem a beleza sonora
da cantilena distante
que te entra no ouvido
vinda de uma tal distância
que, ao procurá-la no mapa,
encontramos a infância.

Cada palavra que aprendes
tem o gosto da aventura
e a magia secreta
que há no ato da leitura.

Cada palavra que escreves
é um fruto já maduro
que cai da árvore dos sons
e tem sabor de futuro.
[...]

(*Versos para os pais lerem aos filhos em noites de luar.*
São Paulo: Peirópolis, 2010.)

14. Leia o nome da obra da qual foram extraídos os versos. A partir dele e dos versos, levante hipóteses: Quem são os interlocutores, ou seja, quem fala e para quem fala, respectivamente?

a) Filho e pai.

b) Pai e filhos.

c) Avô e neto.

d) Pai e filho.

15. Nesses versos, a leitura ganha um sentido especial porque equivale a:

a) aventura e alegria.

b) descoberta e conhecimento.

c) solidão e interioridade.

d) comunicação e sofrimento.

16. A palavra e a leitura, na última estrofe, são aproximadas porque ambas representam:

a) a fase de alfabetização da criança.

b) a imaginação da criança.

c) o prazer da aventura e do desvendamento.

d) a percepção da sonoridade das palavras.

17. A respeito da parte formal do poema, marque a alternativa **falsa**.

a) O poema apresenta número regular de versos em cada estrofe.

b) Os versos são redondilhas maiores, com sete sílabas poéticas cada um.

c) O poema apresenta linguagem objetiva, com poucas imagens.

d) As rimas ocorrem entre os versos pares: 2 e 4 e 6 e 8.

18. O poema faz uso de figuras de linguagem, como a comparação e a metáfora, como exemplificam, respectivamente, os versos:

a) "como as nuvens à noitinha" e "é um fruto já maduro".

b) "tem o gosto da aventura" e "encontramos a infância".

c) "como esta página branca" e "Cada palavra que escreves".

d) "que cai da árvore dos sons" e "vinda de uma tal distância".

Capítulo 7

Preconceito

Vivemos num mundo dividido: entre ricos e pobres, entre negros, brancos, indígenas e amarelos, entre jovens e velhos, entre progressistas e conservadores, entre conectados e não conectados... Será possível viver num mundo em que as diferenças não sejam um problema, mas uma característica enriquecedora da diversidade humana?

Leia o texto:

PERCEBA O RACISMO INTERNALIZADO EM VOCÊ

[...] A maioria das pessoas admite haver racismo no Brasil, mas quase ninguém se assume como racista. Pelo contrário, o primeiro impulso de muita gente é recusar enfaticamente a hipótese de ter um comportamento racista: "Claro que não, afinal tenho amigos negros", "Como eu seria racista, se empreguei uma pessoa negra?", "Racista, eu, que nunca xinguei uma pessoa negra?"

A partir do momento em que se compreende o racismo como um sistema que estrutura a sociedade, essas respostas se mostram vazias. É impossível não ser racista tendo sido criado numa sociedade racista. É algo que está em nós e contra o que devemos lutar sempre.

É claro que há quem seja abertamente racista e manifeste sua hostilidade contra grupos sociais vulneráveis das mais diferentes formas. Mas é preciso notar que o racismo é algo tão presente em nossa sociedade que muitas vezes passa despercebido. Um exemplo é a ausência de pessoas negras numa produção cinematográfica — aí também está o racismo. Ou então quando, ao escutar uma piada racista, as pessoas riem ou silenciam, em vez de repreender quem a fez — o silêncio é cúmplice da violência.

Muitas vezes, pessoas brancas não pensam sobre o que é o racismo, vivem suas vidas sem que sua cor as faça refletir sobre essa condição. Por isso, o combate ao racismo é um processo longo e doloroso. Como diz a pensadora feminista negra Audre Lorde, é necessário matar o opressor que há em nós, e isso não é feito apenas se dizendo antirracista: é preciso fazer cobranças.

Amelinha Teles, memorável feminista brasileira, em seu livro *Breve história do feminismo no Brasil*, afirma que ser feminista é assumir uma postura incômoda. Eu diria que ser antirracista também. É estar sempre atento às nossas próprias atitudes e disposto a enxergar privilégios. Isso significa muitas vezes ser tachado de "o chato", "aquele que não vira o disco". Significa entender que a linguagem também é carregada de valores sociais, e que por isso é preciso utilizá-la de maneira crítica deixando de lado expressões racistas como "ela é negra, mas é bonita" — que coloca uma conjunção adversativa ao elogiar uma pessoa negra, como se um adjetivo positivo fosse o contrário de ser negra —, usar "o negão" para se referir a homens negros — não se usa "o brancão" para falar de homens brancos —, ou elogiar alguém dizendo "negro de alma branca", sem perceber que a frase coloca "ser branco" como sinônimo de característica positiva.

É preciso pesquisar, ler o que foi produzido sobre o tema por pessoas negras — e é bastante coisa. No caso de quem tem acesso a bibliotecas e universidades, a responsabilidade é redobrada, e não deve ser delegada. Eu brinco que, muitas vezes, pessoas brancas nos colocam no lugar de "Wikipreta", como se nós precisássemos ensinar e dar todas as respostas sobre a questão do racismo no Brasil. Essa responsabilidade é também das pessoas brancas — e deve ser contínua.

(Djamila Ribeiro. *Pequeno manual antirracista*. São Paulo: Companhia das Letras. Edição Kindle.)

QUEM É DJAMILA RIBEIRO?

Djamila Ribeiro nasceu em Santos (SP), em 1980. É graduada e mestra em Filosofia pela Unifesp. Tem forte atuação na imprensa e na internet, abordando temas relacionados com preconceito racial, gênero e feminismo. Autora de vários livros, faz palestras, participa de programas de televisão e atualmente é colunista do jornal *Folha de S.Paulo*.

Entre suas obras, estão *O que é lugar de fala?*, *Quem tem medo do feminismo negro* e *Pequeno manual antirracista*.

1 ▪ Segundo Djamila Ribeiro, muita gente não se assume como racista.

a) Quais são os argumentos que as pessoas utilizam para justificar que não são racistas?

b) Por que muita gente nem sequer pensa a respeito do racismo?

2. Segundo a autora, por que é impossível não ser racista no Brasil?

_____
_____

3. Troque ideias com o professor e os colegas: O que é o **racismo estrutural**?

_____
_____
_____

4. A linguagem, sendo expressão de pensamento e de ideologia, é uma das formas visíveis do racismo estrutural. De que forma ele se manifesta na linguagem?

_____
_____
_____

5. Segundo a autora, no contexto de uma situação preconceituosa, "o silêncio é cúmplice da violência". Explique essa frase.

_____
_____
_____

6. Citando a feminista brasileira Amelinha Teles, Djamila Ribeiro compara o antirracismo ao feminismo, identificando pontos de contato entre eles, inclusive na forma de combate. Segundo o texto:

a) Qual é a postura das feministas que os antirracistas também devem ter?

_____
_____
_____

b) Essa postura é simpática à sociedade em geral?

_____
_____
_____

c) A quem e quando cabe a responsabilidade de lutar contra o racismo?

_____
_____

7. Releia este trecho:

> "Eu brinco que, muitas vezes, pessoas brancas nos colocam no lugar de 'Wikipreta', como se nós precisássemos ensinar e dar todas as respostas sobre a questão do racismo [...]"

a) Por que a autora rejeita esse papel? A quem, então, ele caberia?

_____
_____
_____

b) Por que, segundo a autora, as pessoas com acesso à universidade têm uma responsabilidade redobrada no combate ao racismo?

_____
_____
_____

ORGANIZAÇÃO ANTIRRACISTA

Black Lives Matter (Vidas Negras Importam) é uma organização antirracista que nasceu nos Estados Unidos em 2013 com a finalidade de combater a violência contra os negros. Ficou internacionalmente conhecida com as grandes manifestações decorrentes da morte de George Floyd, em 2020.

8. Troque ideias com a turma sobre estas questões:

- Você se considera racista? Por quê?
- Você já presenciou uma situação de racismo? Se sim, conte para os colegas como foi.
- De que forma todas as pessoas — de qualquer origem étnica — podem, juntas, combater o racismo?

Palavras em contexto

1 Compare o título do texto a um trecho dele:

> - "Perceba o racismo internalizado em você"
> - "[...] é necessário matar o opressor que há em nós [...]"

a) Qual é o efeito de sentido causado pelo emprego da forma verbal **perceba**, no imperativo afirmativo?

_____
_____
_____

b) E que efeito de sentido causa o emprego das formas verbais **é** (presente do indicativo) e **matar** (infinitivo impessoal) no trecho?

_____
_____
_____

2 Leia estas frases do texto:

> • "Claro que não, afinal tenho amigos negros"
> • "Como eu seria racista, se empreguei uma pessoa negra?"
> • "Racista, eu, que nunca xinguei uma pessoa negra?"

Por que elas foram empregadas entre aspas?

_____
_____

3 Releia este trecho:

> "Eu brinco que, muitas vezes, pessoas brancas nos colocam no lugar de 'Wikipreta', como se nós precisássemos ensinar e dar todas as respostas sobre a questão do racismo no Brasil. Essa responsabilidade é também das pessoas brancas — e deve ser contínua."

a) Nesse trecho, a autora empregou um **neologismo**, ou seja, uma palavra inventada por ela. Como essa palavra se formou? Qual é o seu sentido no contexto?

_____
_____
_____

b) Por que a autora usa a primeira pessoa do plural (nós) em "nos colocam"?

_____

4 Em relação à frase "ela é negra, mas é bonita", a autora rejeita o uso da conjunção adversativa ao se elogiar uma pessoa negra, "como se um adjetivo positivo fosse o contrário de ser negra".

a) Qual é a conjunção adversativa? Que sentido tem a palavra **negra** nessa construção?

_____
_____
_____

b) Caso nessa frase fosse empregada a conjunção aditiva **e** — ela é negra **e** é bonita —, que mudança de sentido haveria na palavra **negra** e na frase como um todo?

_____
_____
_____
_____

Texto e intertexto

Leia este texto:

O que é racismo estrutural? Ainda hoje existe? Somos todos racistas?

Racismo estrutural é o termo usado para reforçar o fato de que há sociedades estruturadas com base na discriminação que privilegia algumas raças em detrimento das outras. No Brasil, nos outros países americanos e nos europeus, essa distinção favorece os brancos e desfavorece negros e indígenas. Para entender. Ainda hoje existe racismo? Sim. Por mais que as leis garantam a igualdade entre os povos, o racismo é um processo histórico que modela a sociedade até hoje. Uma prova disso é o contraste explícito entre o perfil da população brasileira e sua representatividade no Congresso. Enquanto a maior parte dos habitantes é negra (54%), quase todos (96%) os parlamentares são brancos. [...]

Por que o racismo é estrutural?

Essa estrutura social que possibilitou a manutenção do racismo ao longo da história, inclusive do Brasil, pode ser contada a partir das próprias leis do país — algumas delas são da época em que os negros eram escravizados, é claro, mas outras vieram depois da abolição.

Um exemplo disso é a própria Lei Áurea, de 1888. Além de o Brasil ser o último país das Américas a aderir à libertação das pessoas escravizadas, a população negra que vivia aqui se viu livre, porém sem opções de emprego ou educação.

[...]

A primeira vez em que a legislação contribuiu, de fato, para a democracia racial no Brasil ocorreu apenas em 1989, quase um século depois, quando a Lei Caó tornou o racismo um crime inafiançável e imprescritível. [...]

Racismo é crime?

É, sim. Com a Lei Caó 7.716, de 1989, o racismo se tornou crime inafiançável e imprescritível com pena de reclusão de até cinco anos. Isso significa, por exemplo, que alguém que impede uma pessoa de entrar no elevador ou xinga uma apresentadora de TV por ela ser negra deve ser punido.

E a lei não é suficiente para resolver o problema?

Infelizmente, não. Racismo é algo maior do que discriminação ou preconceito. Diz respeito a formas nem sempre conscientes e também coletivas de desfavorecer negros e indígenas e privilegiar os brancos.

Em sociedades como a brasileira, o racismo determina a forma como pensamos. Assim, a cor da pele significa muito mais do que um traço da aparência. Ela é associada a capacidades intelectuais, sexuais e físicas. É como se ser negro estivesse associado a qualidades físicas apenas (a dança, os esportes, o trabalho pesado), e não intelectuais.

E esse problema vai muito além dessas imagens silenciosas. É ele que está por trás de fatos dramáticos como o retrato registrado em 2017 pelo Infopen (Levantamento Nacional de Informações Penitenciárias). Segundo o documento, dois terços de toda a população carcerária do país é negra. [...]

O que, então, precisa ser feito para combater o racismo de fato?

Primeiro, é urgente que pessoas brancas reflitam, identifiquem e reconheçam seus privilégios. Não é uma tarefa fácil. Um bom começo é olhar para a própria história e perceber em que situações um branco levou a melhor. Alguns exemplos:

Durante a disputa por uma vaga de emprego em que as duas pessoas tinham qualificações muito semelhantes, mas o negro foi dispensado.

Em um momento de lazer como um jantar em um restaurante em que pessoas brancas são servidas pelas negras.

Uma outra atitude é deixar de usar palavras e termos que tiveram origem na discriminação entre brancos e negros: "mulato", "dia de branco", "a coisa está preta", entre outras. Por mais que, conscientemente, elas sejam usadas sem uma intenção racista, o fato de ainda estarem em uso mostra o quanto o problema está arraigado em nossos costumes.

Ao mesmo tempo é necessário deixar de procurar pessoas negras exclusivamente para tratar de assuntos raciais. É verdade que, ainda hoje, pessoas negras em posições de destaque na sociedade são minoria, mas há médicos, advogados, escritores, físicos, engenheiros e intelectuais negros. Eles precisam ser lembrados e consultados como especialistas para abordar diferentes temas pertinentes à vida contemporânea.

(Bárbara Forte. Disponível em: https://www.uol.com.br/ecoa/listas/o-que-e-racismo-estrutural.htm. Acesso em: 16/2/2021.)

1 Segundo o texto, o racismo estrutural é um problema exclusivamente brasileiro? Se não, em que outros países ele se manifesta?

_____
_____

2 Por que, segundo o texto, as próprias leis do país refletem o racismo?

_____
_____
_____
_____

3 O texto cita alguns exemplos de como o racismo estrutural se manifesta. Cite ao menos três deles.

_____
_____
_____
_____
_____

4 Palavras e expressões como **mulato**, **dia de branco**, **a coisa está preta**, entre outras, segundo o texto, tiveram origem na discriminação racial. Por que, então, elas ainda são usadas hoje?

_____
_____
_____
_____

5 Em 1989, foi criada a Lei Caó 7.716, no Brasil, que combate a discriminação.

a) Que pena pode sofrer uma pessoa que manifesta uma atitude racista?

_____
_____
_____

b) A Lei Caó resolveu o problema do racismo em nosso país?

_____
_____

6 De acordo com o texto, o que é preciso para acabar com o racismo estrutural?

_____
_____
_____
_____
_____
_____

7 Compare o texto de Djamila Ribeiro, que você leu no início deste capítulo, com o texto "O que é racismo estrutural? Ainda hoje existe? Somos todos racistas?".

a) O que há em comum entre eles?

_____
_____
_____
_____

b) O primeiro texto foi escrito por Djamila Ribeiro — filósofa, escritora, colunista, negra — e o segundo, por Bárbara Forte — jornalista, branca. Por terem origens étnicas distintas, elas demonstram ter posturas diferentes em relação ao racismo?

_____
_____
_____
_____

c) Os dois textos apresentam valores sociais, culturais e humanos. Que valores podem ser destacados nos textos?

_____
_____
_____
_____

Exercícios

Leia os gráficos a seguir e responda às questões 1 a 4.

Mesmo com aumento das candidaturas negras, Câmaras municipais seguem com maioria branca no país

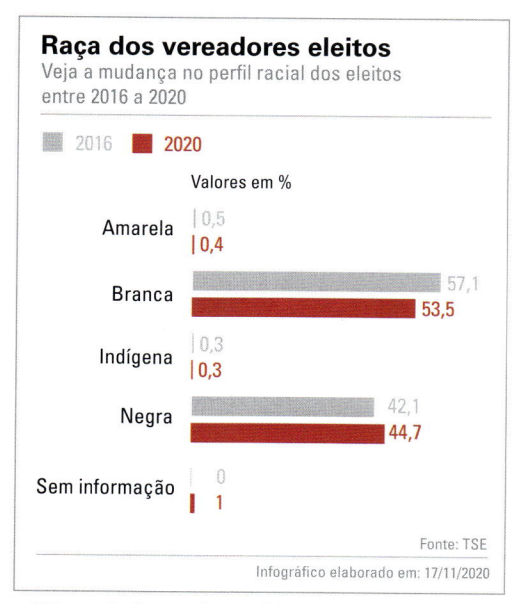

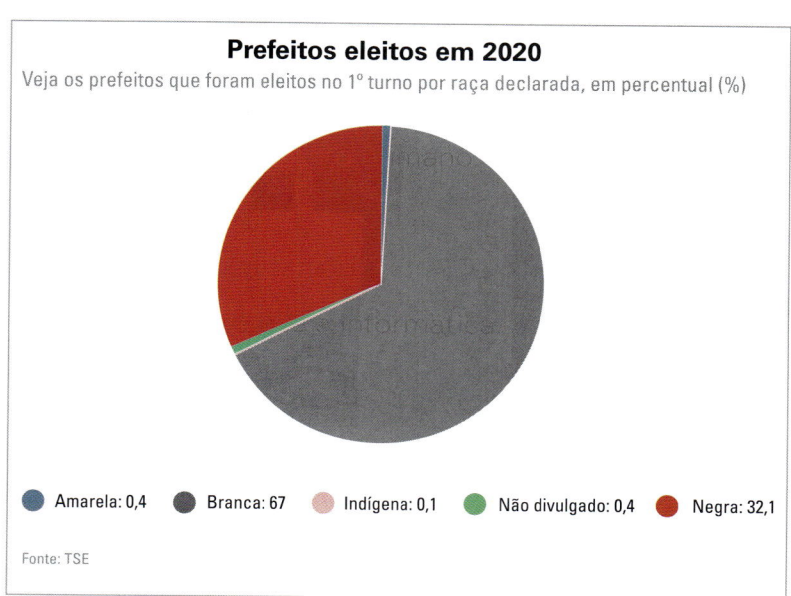

Raça dos vereadores eleitos
Veja a mudança no perfil racial dos eleitos entre 2016 a 2020

2016 / 2020 — Valores em %

- Amarela: 0,5 / 0,4
- Branca: 57,1 / 53,5
- Indígena: 0,3 / 0,3
- Negra: 42,1 / 44,7
- Sem informação: 0 / 1

Fonte: TSE
Infográfico elaborado em: 17/11/2020

(Disponível em: https://g1.globo.com/politica/eleicoes/2020/eleicao-em-numeros/noticia/2020/11/17/mesmo-com-aumento-das-candidaturas-negras-camaras-municipais-seguem-com-maioria-branca-no-pais.ghtml. Acesso em: 16/2/2021.)

Prefeitos eleitos em 2020
Veja os prefeitos que foram eleitos no 1º turno por raça declarada, em percentual (%)

- Amarela: 0,4
- Branca: 67
- Indígena: 0,1
- Não divulgado: 0,4
- Negra: 32,1

Fonte: TSE

(Disponível em: https://g1.globo.com/politica/eleicoes/2020/eleicao-em-numeros/. Acesso em: 9/4/2021.)

1. Segundo os gráficos, em relação ao perfil racial dos vereadores eleitos em 2016 e 2020:

a) não houve grande diferença, embora tenha crescido o número de negros eleitos em 2020.

b) houve uma mudança significativa no perfil de vereadores indígenas.

c) houve um crescimento significativo de vereadores amarelos e negros.

d) não houve aumento no perfil de vereadores negros nas eleições de 2020.

2. Comparando os dados das eleições de 2020, pode-se constatar que, nos dois gráficos:

a) a maioria dos eleitos é de raça declarada negra.

b) a maioria dos eleitos é de raça declarada indígena.

c) a maioria dos eleitos é de raça declarada branca.

d) a maioria dos eleitos é de raça declarada amarela.

3. Pode-se observar que:

   a) os brancos são pouco representativos na política.

   b) os amarelos e os indígenas são os grupos menos representativos na política.

   c) na política, os negros têm representatividade semelhante à dos amarelos.

   d) os indígenas e os brancos têm representatividade igual na política.

4. O gráfico refere-se ao perfil étnico dos prefeitos como "raça declarada". Infere-se que:

   a) não há dúvidas sobre a declaração, pois a cor da pele define o perfil.

   b) há dúvidas sobre a declaração, pois pode haver interesses em declarar-se de determinada raça.

   c) não há dúvidas sobre a declaração, pois a raça consta nos documentos pessoais.

   d) somente órgãos oficiais podem declarar a raça de vereadores e prefeitos.

Leia o boxe com informações a respeito da Lei n. 4.041/2020 e os comentários de internet e responda às questões 5 a 7.

DANIEL A.
26/08/2020 20:28

Absurdo essa lei. Só faltou querer obrigar a votarmos em alguém só porque se declara negro. E se eu sou negro mas me declaro branco TB tenho direito à cota? Democracia tabajara essa nossa.

👍 0   👎 0

Gilberto
12/09/2020 20:25

Absurdo eu sou asiático vou querer cota também para no's não só nas eleições como no atletismo e no futebol na publicidade , já que nestas áreas não temos chance alguma

👍 0   👎 0

(Disponível em: https://www.camara.leg.br/noticias/683198-projeto-preve-cota-minima-de-candidatos-negros-nas-eleicoes-para-o-poder-legislativo/. Acesso em: 16/2/2021.)

5. Os dois comentários utilizam argumentos:

a) a favor da lei, pois são favoráveis às cotas para negros em todos os setores da sociedade.

b) contrários à lei, pois acreditam que todas as pessoas, independentemente da etnia, devem ter as mesmas oportunidades na política.

c) a favor da lei, pois se consideram negros.

d) contrários à lei, pois acreditam que os brancos e os amarelos também devem ter cotas na política.

> O Projeto de Lei n. 4.041/2020 prevê que os partidos políticos reservem cotas mínimas para candidaturas de afro-brasileiros nas eleições para o Poder Legislativo, incluindo os pleitos para a Câmara dos Deputados, a Câmara Legislativa, as Assembleias Legislativas e as Câmaras Municipais.
>
> Fonte: Agência Câmara de Notícias.

6. Segundo o comentário de Gilberto, os asiáticos:

a) são representativos na política, no atletismo, no futebol e na publicidade.

b) têm muitas chances em todas as áreas da sociedade.

c) não querem representatividade na política, mas querem cotas no atletismo e no futebol.

d) não têm representatividade em alguns setores da sociedade.

7. A expressão **democracia tabajara**, no contexto, demonstra ser:

a) preconceituosa, pois desqualifica tanto os indígenas quanto a lei.

b) elogiosa, pois remete às origens do povo brasileiro.

c) um discurso de ódio, pois se refere de forma agressiva aos indígenas.

d) indiferente em relação aos indígenas e à lei de cotas.

Leia o texto a seguir e responda às questões 8 a 11.

Pesquisa mostra que mais de 80% das pessoas acima dos 50 sofreram preconceito por causa da idade

Uma piada sobre a pouca familiaridade com a tecnologia. Um comentário irônico sobre a falta de memória. A enxurrada de receitas "milagrosas" para parecer eternamente jovem. Afinal, qual é o problema de envelhecer? Nenhum, na verdade trata-se de uma vitória. Assisti a uma apresentação do geriatra Wilson Jacob Filho que ele encerrava com um slide no qual estava escrito em letras garrafais: "Velho é o jovem que deu certo" — pronto, falei! No entanto, o problema é planetário. A Pesquisa Nacional do Envelhecimento Saudável, publicada no dia 13, mostra que 82% dos norte-americanos acima dos 50 anos já enfrentaram o preconceito por causa da idade.

> Realizado pela Universidade de Michigan, o levantamento ouviu mais de 2 mil adultos entre 50 e 80 anos, em todo o país. O trabalho indica, inclusive, a relação entre a experiência de sofrer rotineiramente com o preconceito e acabar apresentando problemas físicos e emocionais. Apesar do desafio, uma luz no fim do túnel: 88% dos participantes declararam que se sentem mais confortáveis consigo mesmos depois da maturidade. Dois terços afirmaram que a vida após os 50 é até melhor do que imaginaram que fosse. [...]
>
> (Disponível em: https://g1.globo.com/bemestar/blog/longevidade-modo-de-usar/post/2020/07/16/pesquisa-mostra-que-mais-de-80percent-das-pessoas-acima-dos-50-sofreram-preconceito-por-causa-da-idade.ghtml. Acesso em: 16/2/2021.)

8. Segundo a pesquisa:

a) adultos acima de 50 anos sofrem preconceito na sociedade.

b) adultos acima de 50 são considerados experientes para a sociedade.

c) a discriminação do adulto idoso é um fenômeno que ocorre no Brasil.

d) adultos com mais de 80 são desvalorizados na sociedade.

9. Considerando a oposição entre fato e opinião, identificamos opinião em:

a) "A Pesquisa Nacional do Envelhecimento Saudável, publicada no dia 13, mostra que 82% dos norte-americanos acima dos 50 anos já enfrentaram o preconceito por causa da idade."

b) "Realizado pela Universidade de Michigan, o levantamento ouviu mais de 2 mil adultos entre 50 e 80 anos, em todo o país."

c) "Dois terços afirmaram que a vida após os 50 é até melhor do que imaginaram que fosse."

d) "O trabalho indica, inclusive, a relação entre a experiência de sofrer rotineiramente com o preconceito e acabar apresentando problemas físicos e emocionais."

10. Segundo a pesquisa, o idoso que sofre preconceito pode apresentar:

a) melhoria de desempenho nas tarefas do seu cotidiano.

b) conforto com a maturidade, porém com pouca familiaridade com a tecnologia.

c) falta de memória em suas tarefas do cotidiano.

d) problemas físicos e psicológicos.

11. Pode-se entender a frase "Velho é o jovem que deu certo" como:

a) É preciso ser sempre jovem.

b) O idoso de hoje é o jovem que conseguiu vencer todos os obstáculos.

c) O jovem sempre está certo.

d) Para dar certo, é necessário ser jovem.

Leia o cartaz abaixo e responda às questões 12 a 14.

Dia Internacional da Pessoa com Deficiência

Quebrando barreiras, abrindo portas para a **Empregabilidade**

Dia 03 de Dezembro (quarta-feira), das 8 às 12 horas, na Praça Universitária

Traje: branco

- Apresentações artísticas
- Recebimento de currículos
- Estandes de empresas para empregos

Participe deste grande evento!

SECT - SECRETARIA DE ESTADO DE CIDADANIA E TRABALHO
GOVERNO DE GOIÁS
SEDUC - SECRETARIA DE ESTADO DA EDUCAÇÃO
FIEG SESI SENAI
FIMTPODER
CEDD-GO
Entidades/Instituições e afins

(Disponível em: https://www.adfego.org.br/dia-internacional-da-pessoa-com-deficiencia/. Acesso em: 17/4/2021.)

12. No dia 3/12 é comemorado o Dia Internacional da Pessoa com Deficiência. Pelo cartaz, é possível inferir que o objetivo do evento é:

a) defender os direitos da pessoa com deficiência.

b) divulgar à população os direitos da pessoa com deficiência.

c) comemorar com apresentações artísticas o Dia da Pessoa com Deficiência.

d) promover a aproximação entre empresas e pessoas com deficiência.

13. À esquerda do cartaz, há ícones que representam, da esquerda para a direita, respectivamente, as pessoas com os seguintes tipos de deficiência:

a) auditiva, visual, de locomoção e cognitiva.

b) cognitiva, auditiva, de locomoção e visual.

c) visual, auditiva, de locomoção e cognitiva.

d) de locomoção, auditiva, cognitiva e visual.

14. No *slogan* "Quebrando barreiras, abrindo portas para a empregabilidade", pode-se entender as metáforas das barreiras e das portas como:

   a) as limitações físicas, de um lado, e o preconceito, de outro.

   b) o preconceito, de um lado, e as limitações físicas e profissionais, de outro.

   c) as limitações físicas e o preconceito, de um lado, e a oportunidade de inserção social, de outro.

   d) as limitações físicas e legais, de um lado, e a oportunidade de trabalho, de outro.

Leia o texto a seguir e responda às questões 15 a 17.

Contra a gordofobia, movimento "corpo livre" ganha força na internet

Ativistas incentivam o amor próprio e lutam pelo fim da associação de corpo gordo com doença

Época de carnaval é quando todo mundo resolve perder os quilos ganhos nas festas de final de ano e correr contra o tempo para desfilar nos bloquinhos em forma, com um corpo perfeito. Vale tudo para conseguir a tão sonhada barriga chapada: academia, marcar hora com aquela nutricionista famosa do Instagram, fazer dietas milagrosas e recorrer até mesmo a medicamentos irregulares. Tudo certo? Na verdade, não. Tudo errado. Crescemos e vivemos em uma sociedade que nos faz acreditar na existência de um corpo considerado melhor que o outro. Mulher magra, mas não muito, porte atlético e sem celulite. Homens fortes, com músculos definidos, barriga tanquinho e bíceps inchados. [...]

(Disponível em: https://www.geledes.org.br/contra-a-gordofobia-movimento-corpo-livre-ganha-forca-na-internet/. Acesso em: 16/2/2021.)

CORPO LIVRE

"Fundado pela jornalista Alexandra Gurgel, o objetivo é fazer com que haja uma maior aceitação corporal para todos os corpos, deixando de lado o estereótipo do 'corpo perfeito'. A busca pela perfeição tem levado as pessoas a cometerem as mais diversas invasões em seus corpos na tentativa de enquadrar-se no padrão."

(Disponível em: https://lancenoticias.com.br/noticia/movimento-corpo-livre-uma-busca-pela-auto-aceitacao-corporal/#:~:text=Fundado%20pela%20jornalista%20Alexandra%20Gurgel,de%20enquadrar%2Dse%20no%20padr%C3%A3o. Acesso em: 16/2/2021.)

15. O tema central do texto é/são:

   a) os estereótipos de padrões de beleza, estipulados pela sociedade.

   b) a busca por um corpo perfeito na época do carnaval.

   c) as nutricionistas famosas das redes sociais, que ajudam as pessoas a ter um corpo perfeito.

   d) o sonho da barriga chapada e do corpo perfeito.

16. Entende-se por "gordofobia":

   a) temor a pessoas com sobrepeso.

   b) preconceito contra pessoas abaixo do peso.

   c) aversão a pessoas obesas.

   d) temor por ficar em lugares com pessoas gordas.

17. Segundo o texto, a imposição de um corpo "perfeito", veiculado na sociedade, recai:

a) exclusivamente sobre o público feminino.

b) exclusivamente sobre o público masculino.

c) exclusivamente sobre os jovens.

d) sobre o público masculino e feminino de todas as idades.

Leia a charge e responda às questões 18 e 19.

(Disponível em: https://domtotal.com/charge/952/2014/10/festival-de-preconceito-nas-redes-sociais/. Acesso em: 17/2/2021.)

18. O texto tem como finalidade:

a) representar, de forma satírica, o discurso de ódio e os preconceitos existentes nas redes sociais.

b) ilustrar, por meio da sátira, os relacionamentos pessoais das redes sociais.

c) observar os preconceitos existentes nas redes sociais.

d) explorar a ambiguidade entre o que se vê (uma TV) e o que se diz (redes sociais).

19. Participa da construção do humor do texto a ambiguidade do vocábulo:

a) preconceitos.

b) previsão.

c) chuva.

d) redes sociais.

Capítulo 8

O papel da arte

Você já se pegou alguma vez distraído(a), pensando, sonhando acordado(a)? Imaginar, fantasiar, transportar-se para outro lugar por meio da palavra, da imagem, do som, do movimento... Tudo isso é arte, e ela faz parte das necessidades humanas. É tão importante quanto comer ou beber... Será que você também tem a cabeça no mundo da lua?

Leia este conto de Mia Couto:

Raízes

Uma vez um homem deitou-se, todo, em cima da terra. A areia lhe servia de almofada. Dormiu toda a manhã e quando se tentou levantar não conseguiu. Queria mexer a cabeça: não foi capaz. Chamou pela mulher e pediu-lhe ajuda.

— *Veja o que me está a prender a cabeça.*

A mulher espreitou por baixo da nuca do marido, puxou-lhe levemente pela testa. Em vão. O homem não desgrudava do chão.

— *Então, mulher? Estou amarrado?*
— *Não, marido, você criou raízes.*
— *Raízes?*

Já se juntavam as vizinhanças. E cada um puxava sentença. O homem, aborrecido, ordenou à esposa:

— Corta!

— Corta, o quê?

— Corta essa merda das raízes ou lá o que é...

A esposa puxou da faca e lançou o primeiro golpe. Mas logo parou.

— Dói-lhe?

— Quase nem. Porquê me pergunta?

— É porque está sair sangue.

Já ela, desistida, arrumara o facão. Ele, esgotado, pediu que alguém o destroncasse dali. Me ajudem, suplicou. Juntaram uns tantos, gentes da terra. Aquilo era assunto de camponês. Começaram a escavar o chão, em volta. Mas as raízes que saíam da cabeça desciam mais fundo que se podia imaginar. Covaram o tamanho de um homem e elas continuavam para o fundo. Escavaram mais que as fundações de uma montanha e não se vislumbrava o fim das radiculações.

— Me tirem daqui — gemia o homem, já noite.

Revesaram-se os homens, cada um com sua pá mais uma enxada. Retiraram toneladas de chão, vazaram a fundura de um buraco que nunca ninguém vira. E laborou-se semanas e meses. Mas as raízes não só não se extinguiam como se ramificavam em mais redes e novas radículas. Até que já um alguém, sabedor de planetas, disse:

— As raízes dessa cabeça dão a volta ao mundo.

E desistiram. Um por um se retiraram. A mulher, dia seguinte, chamou os sábios. Que iria ela fazer para desprender o homem da inteira terra? Pode-se tirar toda a terra, sacudir as remanescentes areias, disse um. Mas um outro argumentou: assim teríamos que transmudar o planeta todo inteiro, acumular um monte de terra do tamanho da terra. E o enraizado, o que que se faria dele e de todas suas raízes? Até que falou o mais velho e disse:

— A cabeça dele tem que ser transferida.

E para onde, santos deuses? Se entreolharam todos, aguardando pelo parecer do mais velho.

— Vamos plantar a cabeça dele lá!

E apontou para cima, para celestiais alturas. Os outros devolveram a estranheza. Que queria o velho dizer?

— Lá, na lua.

E foi assim que, por estreia, um homem passou a andar com a cabeça na lua. Nesse dia nasceu o primeiro poeta.

(*Contos do nascer da Terra*. São Paulo: Companhia das Letras, 2014. p. 195-199.)

1. No início do conto, ocorre um fato inusitado, surpreendente, que foge à lógica.

a) Que fato é esse?

_____
_____
_____

b) Como a mulher e as pessoas da comunidade reagem a esse fato?

_____
_____
_____

2. No 1º parágrafo do texto, lemos:

> "Uma vez um homem deitou-se, todo, em cima da terra."

a) Qual é o sentido da palavra **todo**, no contexto?

_____
_____
_____

b) Que relação tem a palavra **todo**, empregada nesse contexto, com o fato inusitado da história?

_____
_____
_____
_____

c) O sentido da palavra **toda** em "Dormiu toda a manhã", também no 1º parágrafo, é semelhante ao de **todo**? Justifique sua resposta.

_____
_____
_____
_____

QUEM É MIA COUTO?

Mia Couto nasceu em 1955, na Beira, em Moçambique. É biólogo, jornalista, membro correspondente da Academia Brasileira de Letras e autor de mais de trinta livros, entre prosa e poesia. Seu romance *Terra sonâmbula* é considerado um dos dez melhores livros africanos do século XX.

Recebeu uma série de prêmios literários e, em 2013, foi vencedor do prêmio Camões, o mais prestigioso da língua portuguesa.

(Reprodução do texto da orelha da primeira capa de *Contos do nascer da Terra*, edição da Companhia das Letras.)

3. Leia o boxe "Realismo mágico e realismo fantástico". Depois, responda: O conto "Raízes", de Mia Couto, apresenta elementos do realismo mágico ou do realismo fantástico? Justifique sua resposta com elementos do texto.

_____
_____
_____
_____

4. Para soltar o marido, livrando-o das raízes presas à terra, a mulher pega inicialmente a faca e, depois, o facão. Como consequência de seus golpes, o marido começa a sangrar. O que o sangue representa, considerando-se a relação entre o homem e a terra?

_____
_____
_____
_____

5. Releia este trecho do texto:

> "Até que já um alguém, sabedor de planetas, disse:
> — *As raízes dessa cabeça dão a volta ao mundo.*"

a) Levante hipóteses: Que tipo de conhecimento você acha que o "sabedor de planetas" tem? O que ele pode ser na comunidade?

_____
_____
_____

b) Considerando-se que na cabeça habitam as ideias, os sonhos e as fantasias do ser humano, que sentido pode ter a afirmação "As raízes dessa cabeça dão a volta ao mundo"?

_____
_____
_____
_____

REALISMO MÁGICO E REALISMO FANTÁSTICO

Capítulo 8

Há séculos existem histórias que envolvem acontecimentos insólitos, sobrenaturais e misteriosos. Algumas se incluem no realismo mágico e outras no realismo fantástico. Não é uma tarefa simples diferenciar uma tendência da outra, porém, de modo simplificado, pode-se dizer que, no realismo mágico, os fatos insólitos se incorporam naturalmente à vida das personagens, que os aceitam. Já no realismo fantástico, há sempre uma dúvida ou hesitação das personagens, que não têm certeza de se estão realmente vivendo aquela situação insólita ou se tudo não passa de um sonho, de imaginação ou fantasia.

Se você gosta desse tipo de literatura, leia os contos fantásticos de Edgar Allan Poe e os romances do escritor brasileiro José J. Veiga, nos quais está presente o realismo mágico.

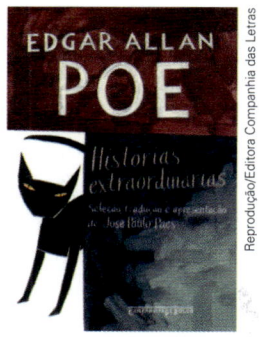

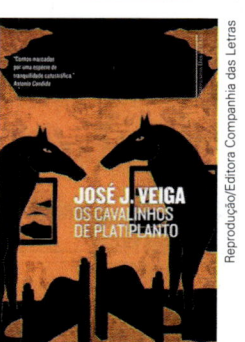

6. Consultados os sábios, o mais velho deles concluiu que a única solução era transferir a cabeça do homem para a lua.

   a) Considerando-se as escavações que vinham sendo feitas, por que ele defende essa solução?

   _____
   _____
   _____
   _____

   b) Para transferir a cabeça do homem para a lua, as raízes precisariam ser cortadas da Terra?

   _____
   _____
   _____

7. Releia o último parágrafo do texto:

> "E foi assim que, por estreia, um homem passou a andar com a cabeça na lua. Nesse dia nasceu o primeiro poeta."

   a) Qual é o sentido corriqueiro da expressão **andar com a cabeça na lua**?

   _____
   _____

   b) O homem que é personagem do conto de Mia Couto, ao "andar com a cabeça na lua", deixou de estar ligado à Terra?

   _____
   _____

8. Considerando-se que, no conto, os elementos homem, raízes, cabeça na lua e poesia são figurativos, interprete:

   a) Qual é a ligação entre "andar com a cabeça na lua" e a poesia?

   _____
   _____

b) O que representam as raízes que saem da cabeça do homem e se prendem à terra?

_____
_____
_____
_____

c) Qual é o tema central do texto?

_____
_____

9. O escritor Mia Couto, autor do conto, é moçambicano e biólogo de formação. Na cultura moçambicana, é muito forte a relação do homem com a terra ou com a natureza. Considerando esses dados, responda: O conto lido aborda o tema de forma particular, própria dos moçambicanos, ou tem uma dimensão universal? Justifique sua resposta.

_____
_____
_____
_____
_____

Palavras em contexto

1. Como o autor do texto é moçambicano, é natural que certas palavras e construções sejam empregadas de maneira diferente da nossa.

a) Levante hipóteses: Qual é o sentido da expressão **puxava sentença**, no trecho "E cada um puxava sentença" (7º parágrafo)?

_____

b) O que os brasileiros diriam no lugar da expressão **quase nem**, no trecho "— *Quase nem. Porquê me pergunta?*" (13º parágrafo)?

_____

c) E no lugar das frases "É porque está sair sangue" (14º parágrafo) e "Já ela, desistida, arrumara o facão" (15º parágrafo)?

_____
_____

2 Releia este trecho do texto:

> "Mas as raízes não só não se extinguiam como se ramificavam em mais redes e novas radículas."

Qual é a diferença de sentido entre **raiz** e **radícula**?

_____

3 Mia Couto é conhecido por inovar a língua portuguesa com o emprego de **neologismos**, ou seja, palavras novas, inventadas. Identifique um neologismo no texto e indique o sentido que ele apresenta, no contexto.

_____
_____
_____

Texto e intertexto

Observe esta pintura de Salvador Dalí:

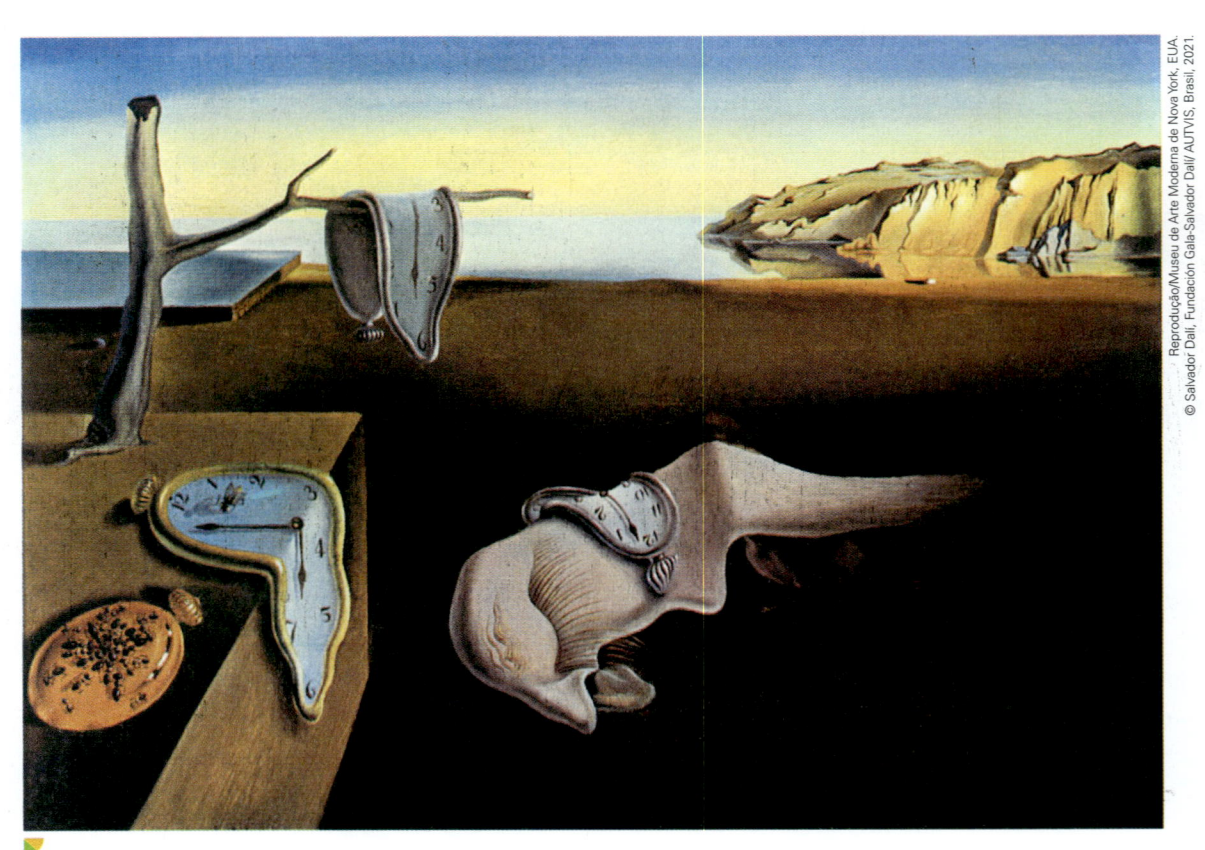

A persistência da memória (1931).

1 A paisagem de fundo da pintura é a pequena vila de Port Lligat, onde o pintor viveu, na Catalunha, Espanha.

a) Como é a natureza, na pintura?

___

b) Identifique a presença de insetos na pintura.

___

c) Identifique o autorretrato do pintor.

___

2 O mais surpreendente na tela é o aspecto dos relógios.

a) Quantos relógios há na pintura?

___

b) O que o relógio normalmente representa na vida das pessoas?

___

c) Na tela, o que, no aspecto dos relógios, surpreende os observadores?

___

QUEM É SALVADOR DALÍ?

Salvador Dalí (1904-1989) foi um dos mais importantes artistas do século XX. Nasceu em Figueres, na Catalunha, no sul da Espanha.

Estudou pintura em Madri, onde conheceu o poeta García Lorca, os artistas surrealistas e o diretor de cinema Luis Buñuel, com quem realizou o filme surrealista *Um cão andaluz* (1929).

Em 1929, começou a se relacionar e a viver com Gala Éluard, inspiradora de inúmeras de suas obras.

Durante a Segunda Guerra Mundial (1939-1945), viveu nos Estados Unidos, onde consolidou sua carreira. Seu corpo está enterrado no Museu Dalí, em Figueres, perto de Port Lligat (Espanha).

Capítulo 8

d) Troque ideias com os colegas e, depois, responda: Que relação há entre a imagem e o título *A persistência da memória*, dado ao quadro pelo pintor?

_____
_____
_____

3 Leia o boxe "Salvador Dalí e o Surrealismo". Depois, responda:

a) Que aspectos surrealistas ou ilógicos podem ser notados na tela de Dalí?

_____
_____
_____

b) Há, na tela, elementos relacionados ao sono, ao sonho ou ao inconsciente? Justifique sua resposta.

_____
_____
_____

4 Associe estes quatro elementos da pintura: o local onde Dalí viveu, os relógios, o autorretrato do artista e a referência à memória feita no título da tela. Considerando que a arte surrealista busca a expressão do mundo interior e psicológico do artista, interprete a pintura e responda: O que a obra retrata ou expressa?

_____
_____
_____
_____

5 Compare o conto "Raízes", de Mia Couto, com a pintura *Persistência da memória*, de Salvador Dalí. Que pontos de contato essas duas obras apresentam entre si?

_____
_____
_____
_____

SALVADOR DALÍ E O SURREALISMO

O Surrealismo é um importante movimento artístico, surgido no século XX, na França, com a publicação do *Manifesto surrealista* (1924), lançado pelo escritor André Breton.

Influenciados pelas ideias de Sigmund Freud, fundador da psicanálise, os surrealistas desprezavam a arte realista e propunham uma arte que fosse a expressão direta do mundo psíquico, sem passar pelo crivo da razão.

Assim, procurando romper com as barreiras da lógica e da razão, os surrealistas buscavam uma expressão livre e direta do inconsciente. Daí a arte surrealista trabalhar com elementos surpreendentes, como a "escrita automática", a fusão entre sonho e realidade, a metamorfose, etc.

Salvador Dalí passou a fazer parte do grupo surrealista em 1927 e se tornou um de seus expoentes.

Exercícios

Leia o texto a seguir e responda às questões 1 a 4.

Saiba como artistas de várias partes do mundo fazem para chamar a atenção de quem passa pelas ruas distraído

Prestar atenção no mundo ao redor tem sido uma tarefa cada vez mais difícil na correria do dia a dia das **grandes cidades**. **Artistas** dedicados a montar **instalações** nas ruas, conhecidas como **intervenções urbanas**, mostram que é possível conquistar o olhar mesmo dos espectadores mais desatentos.

Fo(rest) in peace, esse é o título da obra acima, de Fra.Biancoshock. Italiano residente em Milão, ele levou anos até se reconhecer como artista. Para Biancoshock, era difícil definir a natureza do seu trabalho. Com o objetivo de explicar o que faz, ele cunhou o termo "***efemeralismo***". As obras do italiano duram pouco tempo na paisagem das cidades, mas sempre são eternizadas por uma foto ou vídeo, que ele faz questão de produzir. Usando elementos simples, Biancoshock gosta de criar intervenções com apelo **social e político**.

(Disponível em: https://epoca.globo.com/vida/noticia/2015/06/10-intervencoes-urbanas-simples-e-surpreendentes.html. Acesso em: 10/1/2021.)

Fra. Biancoshock aposta em ideias simples para chamar a atenção das pessoas para situações que passariam despercebidas. (Foto: Fra. Biancoshock)

1. Entende-se por intervenção urbana:
   a) uma manifestação artística, geralmente realizada nas grandes cidades. Ela tem como objetivo inserir uma ação ou objeto nas ruas de forma impactante e propor reflexões.
   b) uma manifestação artística, geralmente realizada em cidades do interior. Ela tem como objetivo inserir uma ação ou objeto nas ruas de forma impactante e propor reflexões.
   c) uma manifestação artística, geralmente realizada na periferia das cidades. Ela tem como objetivo inserir uma ação ou objeto nas ruas de forma não impactante, subtraindo reflexões.
   d) manifestação não artística, pois é realizada com produtos descartados das grandes cidades. Ela tem como objetivo inserir objetos nas ruas de forma impactante e propor reflexões.

2. Segundo o texto, as pessoas das grandes cidades:
   a) são muito atentas a tudo que ocorre na cidade.
   b) não estão preocupadas com o que ocorre ao seu redor.
   c) não prestam atenção ao seu redor, devido à correria do cotidiano.
   d) estão muito preocupadas com tudo o que ocorre nas grandes cidades.

3. A obra do italiano Fra. Biancoshock chama-se *Fo(rest) in peace*, cuja tradução pode ser "Descanse em paz" ou "Floresta em paz". Relacionando a imagem ao título, pode-se inferir que se trata de um tema:

   a) social, já que é uma crítica às grandes cidades e à sua forma de organização social.

   b) ecológico, pois a árvore foi cortada e está morta; portanto, a instalação representa um túmulo com flores, foto, homenageando algo ausente.

   c) econômico, já que as florestas vêm sendo destruídas por causa da produção de papel.

   d) político, já que simbolicamente representa a floresta que está sendo destruída com a aprovação dos políticos.

4. Pelo contexto, entende-se que a palavra **efemeralismo** tem o sentido de:

   a) obra de arte que dura pouco.

   b) ideologia transitória.

   c) filosofia transitória.

   d) movimento social temporário.

Leia o texto a seguir e responda às questões 5 a 7.

A cidade tatuada: saiba como é a lei para grafites em SP e no Rio

É cada vez mais comum cruzar com grafites espalhados por entre o cinza dos prédios e muros das cidades brasileiras. Autorizados ou não, os desenhos têm ganhado espaço e status de arte.

A Lei Federal de Crimes Ambientais, de 1998, divide os trabalhos entre pichação e grafite. Enquanto pichar é proibido sob pena de detenção de três meses a um ano e multa, o grafite é permitido, desde que com autorização e "objetivo de valorizar o patrimônio público ou privado mediante manifestação artística".

A pena passa para seis meses a um ano de detenção caso a pichação seja realizada em monumentos ou locais tombados. Em alguns casos, como no Rio de Janeiro e São Paulo, legislações locais também regulamentam a prática.

No Rio, o decreto 38.307, de 2014, garante até a preservação dos grafites por dois anos, desde que "intempéries do tempo, acidentes ou obras urbanas fundamentais não prejudiquem ou interfiram no aspecto do trabalho artístico".

Entre os locais previamente autorizados para serem pintados estão postes, colunas, muros cinzas — desde que não considerados patrimônio histórico — paredes cegas, pistas de skate e tapumes de obras, além do muro da Linha 2 do Metrô.

Os desenhos só não podem ter cunho publicitário nem teor "pornográfico, racista ou de outra forma preconceituoso, sem apologias ilegais e ofensas religiosas" e são considerados "uma manifestação artística cultural que valoriza a cidade e inibe a pichação".

Já em São Paulo, os trabalhos são regulamentados pela Lei Cidade Limpa, que permite grafites em áreas públicas desde que com autorização conjunta da Comissão de Proteção à Paisagem Urbana e das subprefeituras.

Quando se trata de uma intervenção numa propriedade privada, o pedido tem de ser feito para o proprietário. Sem autorização, os grafites podem ser considerados crimes ambientais, e os autores estão sujeitos a pena de até um ano de prisão.

Algumas áreas específicas da capital paulistana também foram liberadas para o grafite, como é o caso dos muros da avenida 23 de Maio. Diversos artistas, como Nina Pandolfo, Nunca e Os Gêmeos, foram convidados pela prefeitura para fazer trabalhos no local.

Para o grafiteiro paulistano Eduardo Kobra, que já chegou a ser detido no passado enquanto fazia pichações e foi um dos incentivadores da abertura da 23 para os artistas, o grafite leva "o acesso à arte para todo mundo".

(Disponível em: https://noticias.uol.com.br/cotidiano/ultimas-noticias/2016/02/29/a-cidade-tatuada-veja-grafites-em-sp-e-no-rio-e-como-e-a-lei.htm#:~:text=A%20Lei%20Federal%20de%20Crimes,ou%20privado%20mediante%20manifesta%C3%A7%C3%A3o%20art%C3%ADstica%22. Acesso em: 16/2/2021.)

5. Comparando a pichação e o grafite, pode-se deduzir que:

a) pichação e grafite têm *status* de arte e ambos podem ser realizados em locais públicos.

b) tanto a pichação quanto o grafite são considerados patrimônio histórico.

c) tanto o grafite quanto a pichação não podem ser realizados em monumentos ou locais históricos.

d) tanto a pichação quanto o grafite valorizam o patrimônio histórico da cidade.

6. Levante hipótese: A finalidade do grafite é:

a) inibir as pichações em monumentos históricos e propriedades privadas, evitando manifestações marginais.

b) fazer intervenções em propriedades privadas e públicas.

c) fazer manifestações publicitárias em locais públicos.

d) levar arte ao público e, ao mesmo tempo, humanizar as grandes cidades, promovendo a reflexão.

7. Em relação à legislação sobre o grafite, pode-se afirmar que:

a) as leis de São Paulo são mais rígidas do que as do Rio de Janeiro, pois os grafites dependem de autorizações.

b) as leis do Rio de Janeiro são permissivas, pois tanto o grafite quanto a pichação não necessitam de autorizações.

c) tanto as leis de São Paulo quanto as leis do Rio de Janeiro são muito rigorosas.

d) as leis do Rio de Janeiro são mais rígidas do que as de São Paulo, pois não dependem de autorizações.

Leia o texto a seguir e responda às questões 8 e 9.

PETRA BELAS ARTES

PROGRAMAÇÃO | PROGRAMAÇÃO ESPECIAL | INGRESSO ONLINE | O CINEMA | À LA CARTE | BELAS ARTES GRUPO

REGRAS DO LANTERNINHA

Amigos clientes,

Antes da compra de ingressos, pedimos que leiam atentamente as regras abaixo que foram desenvolvidas e devem ser seguidas por todos.

1. A Bilheteria do cinema dará prioridade ao atendimento a deficientes ou gestantes, aposentados ou outros conforme prevê a lei.

2. É de responsabilidade do Cliente confirmar, no ato da compra, os dados dos ingressos adquiridos (dia, sessão, filme e horário), o valor pago (inteira/meia) e o troco recebido.

3. Não permitiremos a entrada de clientes com ingressos inválidos.

4. Trocas de ingressos: Os ingressos comprados na bilheteria do cinema poderão ser trocados somente no mesmo dia da compra até às 21 h. Se a sessão for no mesmo dia da compra, a troca deverá ser efetuada até 02 horas antes da sessão comprada, esse período permite que o cinema tenha tempo de disponibilizar o ingresso para venda novamente. Para compras realizadas pela internet, o cancelamento e reembolso devem ser solicitados diretamente à empresa de vendas online, www.veloxtickets.com.

Consulte os termos de uso, antes da compra: www.veloxtickets.com/Atendimento/Termo-de-Uso/Cinema/Sao-Paulo

Classificação indicativa – O cinema aplicará os regulamentos descritos em lei quanto à aquisição de ingressos e entrada nas salas de cinema, segundo a Classificação Indicativa dos filmes (Portaria 1.100/2006 do Ministério da Justiça). De acordo com a atual Lei de Classificação, no caso de crianças ou adolescentes com idades menores ao da classificação indicativa do filme: "Cabe aos pais ou responsáveis autorizar o acesso de suas crianças e/ou adolescentes a diversão ou espetáculo cuja classificação indicativa seja superior a faixa etária destes, porém inferior a 18 (dezoito) anos, desde que acompanhadas por eles ou terceiros expressamente autorizados."

5. A venda de ingressos para as sessões será encerrada na bilheteria 20 (vinte) minutos após o início da sessão.

6. A tolerância para entrar nas salas de cinema é de 20 minutos após início da sessão. O cliente que entrar após o começo da sessão perde direito ao lugar marcado.

7. As luzes da sala ficarão apagadas do início ao final do filme, incluindo os créditos.

8. O cinema cuidará para que as sessões programadas sejam exibidas de acordo com a divulgação enviada aos meios de comunicação. Em circunstâncias excepcionais, poderá alterar ou cancelar uma sessão, informando o Cliente com a antecedência possível.

9. Ao entrar na sala e durante a exibição do filme os clientes devem manter-se nos seus lugares, evitando assim transtornos para outros clientes.

10. Pedimos que os clientes não conversem durante o filme.

11. Apesar de efetuarmos rondas periódicas nas salas de cinema, assim que identificada qualquer perturbação, os Clientes deverão informar de imediato ao funcionário para que este tome as medidas cabíveis.

12. É proibido fumar dentro das salas de cinema.

13. É expressamente proibido o uso de celulares durante a sessão. Essa proibição se estende a qualquer equipamento que faz emissão de som e/ou vídeo, exceto equipamentos específicos de tecnologia assistiva para acessibilidade.

14. É expressamente proibida a gravação do som e das imagens dentro das salas do cinema.

15. É proibido entrar com animais no cinema, exceto a entrada de cães-guia, em acordo com o Decreto no 5.904, de 21 de setembro de 2006.

16. Os Clientes devem respeitar as regras de segurança que são enunciadas antes do início do filme.

17. Não nos responsabilizamos por quaisquer objetos deixados dentro das dependências do cinema.

(Disponível em: https://www.cinebelasartes.com.br/regrinhas/. Acesso em: 16/2/2021.)

8. O texto foi elaborado pelo cinema Petra Belas Artes e as regras se dirigem:

a) aos frequentadores do cinema.

b) aos adolescentes e crianças apenas.

c) a todos, ou seja, ao público *on-line* e presencial do cinema.

d) ao público não habitual de cinema.

9. As regras acima têm por finalidade:

a) intimidar o público, caso ocorra desrespeito às regras.

b) informar os problemas que geralmente ocorrem nos cinemas.

c) orientar o público, desde a compra do ingresso até a exibição do filme, para que tudo ocorra sem problemas.

d) lembrar as regras que em geral são esquecidas pelos clientes.

Leia o texto a seguir e responda às questões 10 e 11.

O LINDO documentário "Professor Polvo", que ACABA de entrar na NETFLIX

Professor Polvo (My Octopus Teacher – 2020)

Oito anos atrás, debilitado pela fadiga adrenal, Craig começou a mergulhar em uma floresta subaquática gelada na ponta da África. À medida que a água gelada o revigorava, ele começou a filmar suas experiências e, com o tempo, uma jovem polvo-fêmea curiosa chamou sua atenção. Visitando sua toca e rastreando seus movimentos todos os dias durante meses, ele ganhou a confiança do animal e eles desenvolveram um relacionamento improvável.

Eu precisei em vários momentos pausar e retroceder cenas inteiras, simplesmente porque as lágrimas me impediam por minutos de ver o que se passava na tela, poucos documentários me emocionaram tanto, poucas vezes fui tão surpreendido positivamente por uma obra.

Ao selecionar as tradicionais listas semanais, deixei passar esta pérola, a primeira produção sul-africana original da Netflix, acreditei que seria como tantos outros projetos similares sobre vida marinha, agradeço demais à leitora **Fernanda Madruga**, que me enviou mensagem na página indicando o filme. A sessão já terminou há horas, mas o efeito dela ainda está presente, excelente opção para ver em família.

A direção de Pippa Ehrlich e James Reed estrutura os acontecimentos com extrema inteligência, retirando desde o início o espectador da passiva contemplação, usual no gênero, a câmera te insere na aventura, você se sente imerso na floresta subaquática de algas nas imediações da Cidade do Cabo, recurso que facilita a empatia imediata que é estabelecida entre Craig e a polvo-fêmea. Os depoimentos, sempre em tom calmo, ao contrário do sensacionalismo melodramático usual neste tipo de produção, hipnoticamente (e calorosamente) trazem o público mais perto do coração do narrador, há honestidade inegável em suas palavras.

O roteiro inteligentemente define logo nos primeiros minutos o contexto psicológico daquele homem que havia perdido o encantamento profissional, algo que afetava até mesmo sua convivência familiar. Aquele encontro inusitado mudou completamente sua vida, e, vale ressaltar, através das escolhas narrativas, com precisos alívios cômicos e momentos de pura e eficiente tensão, você realmente entende o impacto desta interação.

Outro ponto positivo, não há excesso de informações técnicas, como um bom professor vocacionado, o filme ensina muito sem que você perceba que está aprendendo, sem apostar no panfletarismo ambiental, acerto louvável, já que ele convida naturalmente à reflexão por ações, não por qualquer teoria politiqueira, transmitindo os benefícios da conexão empática entre dois seres de ambientes muito diferentes.

"Professor Polvo" entrega a mensagem clara da necessidade de se enfrentar as dificuldades, utilizando como alegoria as estratégias criativas do animal para sobreviver diariamente ao mundo selvagem, a sua rapidez no processo de adaptação. Um documentário fundamental e de beleza, estética e filosófica, rara.

(Texto do crítico Octavio Caruso. Disponível em: https://www.devotudoaocinema.com.br/2020/09/netflix-polvo.html. Acesso em: 12/2/2021.)

10. Pelas características do texto, pode-se afirmar que ele é:

a) um resumo de um roteiro de filme.

b) uma sinopse de um filme realizado por uma plataforma de filmes.

c) uma resenha crítica de um documentário.

d) um documentário sobre a relação entre um homem e um polvo fêmea.

11. Leia os trechos:

I. "as lágrimas me impediam por minutos de ver o que se passava na tela"

II. "[...] poucas vezes fui tão surpreendido positivamente por uma obra."

III. "Os depoimentos, sempre em tom calmo, ao contrário do sensacionalismo melodramático usual neste tipo de produção, hipnoticamente (e calorosamente) trazem o público mais perto do coração do narrador, há honestidade inegável em suas palavras."

IV. "Um documentário fundamental e de beleza, estética e filosófica, rara."

Considerando a oposição entre fato e opinião, pode-se afirmar que há opinião em:

a) I e II.

b) I, II, III.

c) I, III, IV.

d) I, II, III, IV.

Capítulo 9

Adolescência

De repente, aquela garota ficou com uns quilinhos a mais e, por isso, se nega a tirar fotos de corpo inteiro para postar nas redes sociais. Já um desses amigos, apaixonado por ela, sente-se cada vez mais isolado porque o rosto se encheu de espinhas. Outra sonha em fazer intercâmbio e ficar pelo menos um ano longe de casa! Já a outra pensa em morar com os pais pelo menos até os 30 anos... E você, como se sente como adolescente?

Leia o texto:

Socorro, sou fofo

O autor, numa crise de autoestima (e de autocrítica) – quem não passa por isso?

Tá bom, eu admito. Não adianta negar, fingir é inútil, de nada vale lutar contra os fatos. Uma hora na vida a gente tem que assumir, se contentar com o que tem, olhar diante do espelho e aceitar o que ele nos devolve: sou fofo mesmo, e daí?

Se pudesse escolher, eu não seria. Queria ser um cara irresistível, musculoso, alto, desses que fazem as mulheres suspirarem quando passam e cochicharem, vermelhinhas: "Nossa, que homem!" Eu as esnobaria, as trataria mal. E elas sempre voltariam aos meus braços, claro.

Infelizmente, a natureza não me deu os traços, os bíceps, a altura, a voz e outros requisitos necessários para me candidatar a um cargo de Rodrigo Santoro, de Du Moscovis ou Clint Eastwood na juventude. (Sim, meninas, aquele "tiozinho" de *A Menina de Ouro* foi um dos maiores galãs de faroeste.) Não bastassem as deficiências genéticas, uma boa educação acabou de vez com a possibilidade de uma personalidade canalha, uma postura cafajeste ou, no mínimo, uma arrogância esnobe.

Assim sendo, tive desde cedo que apelar para técnicas mais complexas de persuasão, como a gentileza, o bom papo, as piadas e outras compensações. E não tardou, tendo trilhado com esforço esse caminho, para começar a ouvir os primeiros: "Ai, você é muito fofo!"

No começo eu chiava. Reclamava, soltava uns palavrões, dava uma ou duas cusparadas no chão, fechava a cara. Digamos que, diante da possibilidade de ser visto como ursinho de pelúcia, eu afastava quaisquer equívocos apertando a opção "Conan, o Bárbaro" do meu batcinto. Nesses momentos, eu preferia ser visto como um tijolo, uma alface ou uma lista telefônica a ser visto como um (argh!) fofo.

Aos poucos, no entanto, fui vendo que ser fofo não era o fim do caminho. Não seria necessário entrar numa clínica de recuperação (FA, Fofos Anônimos) ou numa academia de ginástica. Havia mulheres que valorizavam um bom — fofo. Havia até aquelas que, pasmem!, queriam namorar um "fofo". Já faz alguns anos que estou "trabalhando" esse meu lado, aprendendo a ser fofo e não ter vergonha disso. Hoje, como vocês estão vendo, posso falar em público sobre isso, sem ficar vermelho. Não se iludam, se pudesse escolher, nascia de novo com 1,85 m, jaqueta de couro, barba por fazer, bronzeado e com voz de dublador de protagonista em filme de ação. Mas a opção, infelizmente, não existe. O que me resta é não só aceitar a (ai, que horror) "fofura" em mim supostamente contida, como, mais ainda, tentar acentuá-la. Como neste texto aqui, em que exponho minhas fraquezas, frustrações e angústias a todas vocês. Modéstia e orgulho à parte, não é uma atitude fofa?

(Antonio Prata. *Capricho*, n. 966.)

1. O subtítulo faz referência a uma crise de autoestima (e de autocrítica) do autor.

   a) Quando escreveu o texto, o autor estava com a autoestima alta ou baixa? Por quê?

   b) Em que consiste a autocrítica que ele faz no texto?

2. No 1º parágrafo, o autor admite que é fofo.

   a) Em que sentido ele emprega essa palavra nesse contexto?

b) Apesar de admitir que é fofo, ele convive bem com a ideia de ser assim? Comprove sua resposta com palavras do texto.

_____
_____

3. No 2º e no 3º parágrafo, o autor revela o perfil de homem que reconhece ser ideal para agradar às garotas: forte, bonitão, esnobe e um pouco canalha.

a) Levante hipóteses: Qual é a origem desse modelo de homem ideal?

_____
_____

b) De acordo com o 3º parágrafo, por que o autor não corresponde às exigências físicas desse perfil?

_____
_____

c) E por que seria incapaz de ter uma postura "canalha" com as mulheres?

_____
_____

4. No 4º parágrafo, o narrador cita algumas técnicas que usa para persuadir as garotas, como a gentileza, o bom papo, as piadas, etc. Graças a elas, começou a ouvir: "— Ai, você é muito fofo!".

a) Levante hipóteses: Por que ele considera essas técnicas mais complexas?

_____
_____

b) Em que sentido a palavra **fofo** é empregada nesse novo contexto?

_____
_____

c) Por que, então, o autor reclamava, xingava, etc.?

_____
_____

5. Como você entende o trecho "eu afastava quaisquer equívocos apertando a opção 'Conan, o Bárbaro' do meu batcinto"?

_____
_____
_____

6. No último parágrafo, o autor diz estar "trabalhando" o seu lado fofo há anos. Por isso, não só aceita sua fofura, mas também a acentua ainda mais.

   a) Se o autor está "trabalhando" seu lado fofo, por que então diz "Não se iludam" e afirma que, se pudesse escolher, nasceria de novo, com 1,85 m, jaqueta de couro, barba por fazer, etc.?

   b) Para o autor, escrever o texto lido é uma forma de acentuar seu lado "fofo". Explique por quê.

7. É muito comum, em nossa língua, a expressão **modéstia à parte**. Na última frase do texto, entretanto, o autor diz: "Modéstia e orgulho à parte, não é uma atitude fofa?"

   a) Que novo sentido traz essa alteração?

   b) Com que sentido foi empregada a palavra **fofa** nessa frase?

   c) Entre a frase final do texto e o título, houve uma mudança?

   d) O subtítulo sugere que o texto foi escrito numa "crise de autoestima". Com base nos elementos do texto, é possível afirmar que o autor conseguiu sair dessa crise? Justifique sua resposta.

8. Apesar de admitir sua "fofura", o autor do texto não desiste da ideia de que teria sido melhor se tivesse nascido com o perfil de um "homem ideal", tipo galã de cinema. Discuta com o professor e os colegas:

- Para você, as redes sociais impõem padrões de beleza às pessoas?
- O que você acha da atitude de algumas pessoas que postam suas fotos com filtros?
- As pessoas diferentes dos padrões de beleza são necessariamente feias e desinteressantes?

Palavras em contexto

1. No trecho "(Sim, meninas, aquele 'tiozinho' de *A menina de ouro* foi um dos maiores galãs de faroeste.)":

   a) Que palavra o autor empregou que é comum na gíria dos jovens? Qual é o sentido dessa palavra no contexto?

   b) Que palavra do registro formal da língua poderia substituí-la?

2. No trecho:

   > "Nesses momentos eu preferia ser visto como um tijolo, uma alface ou uma lista telefônica a ser visto como um (argh!) fofo."

   O que a interjeição **argh** expressa nesse contexto?

Texto e intertexto

Leia o texto a seguir.

— Maria de Lourdes, não me diga que essa coisa reluzente na sua barriga é o que eu estou pensando.
— Piercing, mãe, mãe, piercing. Pronto, estão apresentados. Está reluzindo, é? Maneiríssimo!
— Meu Deus do céu, Maria de Lourdes, você mutilou o seu corpo por livre e espontânea vontade? Você ficou maluca? Onde foi que eu errei?

Capa do livro de Thalita Rebouças.

— Ih, lá vem você com o seu showzinho. Fique sabendo que, lá no colégio, 83,7% das meninas usam piercing, tá?

— Eu não estou interessada nas meninas do colégio, Maria de Lourdes. Eu não sou mãe das meninas do colégio. Por que você botou esse piercing?

— Para minha barriga ficar irada.

— Irada, Maria de Lourdes? Desde quando irada é adjetivo que se preze para uma barriga?

— Eu acho irado barriga irada.

— Nossa! Que vocabulário extenso! Tem que ler mais garota!

— Vou ler! Ainda mais agora, que apareço num livro.

— Que livro? Tá doida?

— Não, mãe! Estou falando deste livro aqui, que conta nossas brigas, nossa história... Esse nosso diálogo, por exemplo, vai para a orelha do livro. Até na orelha do livro a gente aparece, mãe! Chiquésimas!

— Maria de Lourdes, do que você está falando? Deixe de sandice e vá estudar, menina!

— Ah! Fala, sério, mãe! Você está sempre por fora da realidade. Sem noção!

— Olha o respeito! Já para o quarto, Maria de Lourdes!

— Malu, mãe! Malu!

(Thalita Rebouças. Texto da orelha do livro *Fala sério, mãe!* São Paulo: Rocco, 2004.)

1 O texto faz parte da orelha do livro intitulado *Fala sério, mãe!* e aborda uma conversa entre mãe e filha.

a) Pelo contexto, qual é a faixa etária aproximada da filha?

b) Quais são as marcas textuais que comprovam sua resposta anterior?

2 Maria de Lourdes colocou um *piercing* na barriga.

a) A menina pediu o consentimento da mãe? Justifique.

b) Para a mãe, o que representa o ato de pôr um *piercing* na barriga?

c) E que avaliação a filha faz dos comentários da mãe?

3 Releia este trecho do texto:

> "— Nossa! Que vocabulário extenso! Tem que ler mais garota!
> — Vou ler! Ainda mais agora, que apareço num livro."

a) Que figura de linguagem a mãe utiliza em sua fala?

b) O que gerou esse comentário da mãe?

c) Que palavra da norma culta poderia substituí-la?

4 Na conversa com a filha, a mãe tem outra surpresa.

a) Qual é?

b) Qual é a reação da mãe?

c) Que significado tem, no contexto, a menina querer ser chamada por Malu e não mais por Maria de Lourdes?

5 Compare o texto de Antonio Prata com o texto de Thalita Rebouças. O que há em comum entre eles?

Exercícios

Leia o texto a seguir e responda às questões 1 a 5.

ABORRECENTES OU ABORRECIDOS?

Os jovens estão cada vez mais entediados, dependentes e até deprimidos... Entenda o que mudou nessa geração

De onde vem o tédio? Ele é uma queixa comum nessa fase e há uma explicação científica para isso. Como na adolescência o sistema de recompensa sofre uma queda na sua atividade, os níveis de dopamina, neurotransmissor relacionado ao bem-estar, também ficam em baixa no período. Isso significa que, embora o jovem experimente conflitos internos e a vontade de se desvincular dos pais e das coisas "de criança", na prática ele fica mais aborrecido e sente menos prazer. Parece familiar?

Esse desânimo é normal, mas, com a internet e o videogame, há uma recompensa rápida, que descarrega dopamina na cabeça e, assim, proporciona prazer instantâneo. O excesso de estímulos, sejam eles likes, pontos ou apenas uma busca por distração rolando a *timeline*, custa caro. Primeiro, pois o jovem passa a ficar entediado mais facilmente. Depois, há um impacto na criatividade, na saúde mental e na atenção, pois o cérebro, assim como o celular, precisa recarregar, e para isso é importante sair da tela e ficar sem fazer nada um pouco.

Os estudos que analisam o impacto de horas de telas na saúde mental da juventude — sejam de videogame ou celular — corroboram o papel da tecnologia nessa ânsia insaciável. Notam-se mais casos de depressão entre os que tinham um comportamento compulsivo em relação às telas.

[...]

(Disponível em: https://www.uol.com.br/vivabem/especiais/problemas-dos-adolescentes-hoje/#o-que-e-diferente-agora. Acesso em: 17/2/2021.)

1. O texto tem como tema central:

a) o comportamento da nova geração de adolescentes na era da tecnologia.

b) o efeito da dopamina na vida dos adolescentes.

c) o comportamento compulsivo dos adolescentes em relação ao uso de *videogames*.

d) o uso do celular e da tecnologia nos dias atuais.

2. Segundo os estudos, a causa dos comportamentos depressivos dos adolescentes pode estar associada:

a) ao sentimento de tédio que assola os adolescentes nessa fase.

b) à queda dos níveis de dopamina em seu organismo.

c) ao uso excessivo de celulares e *videogames*.

d) ao excesso de dopamina, resultante do uso intenso de celulares e *videogames*.

3. O excesso de estímulo acarreta:

a) dependência e bem-estar, pois os adolescentes não possuem um sistema de recompensa.

b) queda de atividades e conflitos internos porque os adolescentes querem se desvincular dos pais.

c) tédio e baixa criatividade, pois é preciso que o cérebro descanse.

d) comportamento compulsivo e ânsia insaciável de conhecer novas tecnologias.

4. Releia as frases:

I. "Como na adolescência o sistema de recompensa sofre uma queda na sua atividade, os níveis de dopamina, neurotransmissor relacionado ao bem-estar, também ficam em baixa no período."

II. "Os estudos que analisam o impacto de horas de telas na saúde mental da juventude — sejam de videogame ou celular — corroboram o papel da tecnologia nessa ânsia insaciável. Notam-se mais casos de depressão entre os que tinham um comportamento compulsivo em relação às telas."

III. "Esse desânimo é normal, mas, com a internet e o videogame, há uma recompensa rápida, que descarrega dopamina na cabeça e, assim, proporciona prazer instantâneo."

Em relação à oposição entre fatos e opiniões que podem ser empregados num texto de divulgação científica, pode-se afirmar que são utilizados fatos em:

a) apenas I.

b) II e III.

c) apenas III.

d) todas as alternativas.

5. A finalidade do texto é:

a) explicar cientificamente o comportamento entediado, dependente e depressivo do adolescente da atualidade.

b) explicar o efeito da dopamina no cérebro das pessoas, como neurotransmissora do bem-estar.

c) observar, na saúde mental do ser humano em geral, o impacto do número de horas diante de telas.

d) comentar as tecnologias de última geração no campo da Medicina.

Leia os infográficos a seguir sobre o perfil das pessoas que fazem intercâmbio no Brasil e responda às questões 6 a 8.

Texto 1

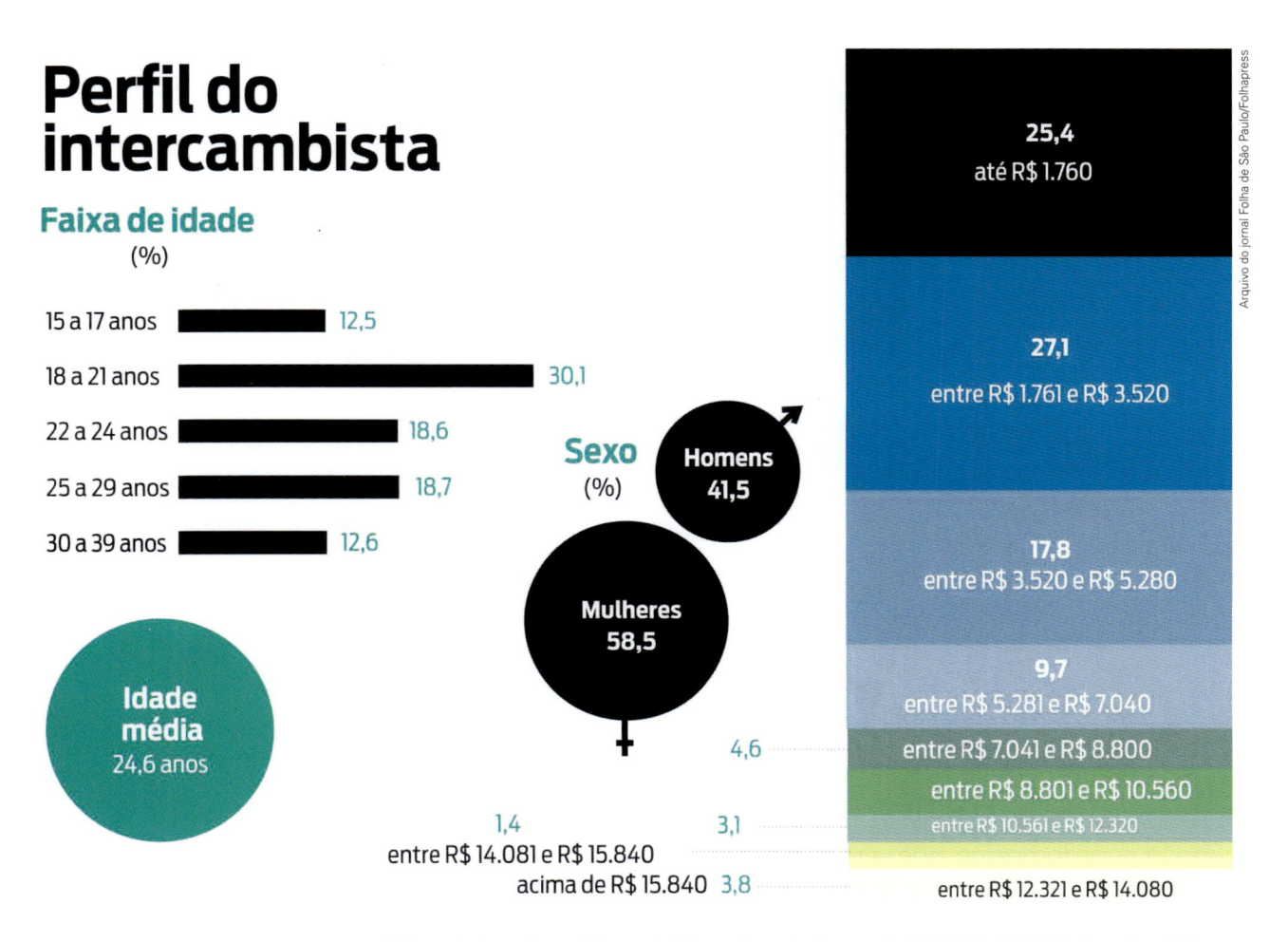

Perfil do intercambista

Faixa de idade (%)

- 15 a 17 anos — 12,5
- 18 a 21 anos — 30,1
- 22 a 24 anos — 18,6
- 25 a 29 anos — 18,7
- 30 a 39 anos — 12,6

Idade média 24,6 anos

Sexo (%)
- Homens 41,5
- Mulheres 58,5

- 25,4 — até R$ 1.760
- 27,1 — entre R$ 1.761 e R$ 3.520
- 17,8 — entre R$ 3.520 e R$ 5.280
- 9,7 — entre R$ 5.281 e R$ 7.040
- 4,6 — entre R$ 7.041 e R$ 8.800
- 3,1 — entre R$ 8.801 e R$ 10.560
- — entre R$ 10.561 e R$ 12.320
- 3,8 — entre R$ 12.321 e R$ 14.080
- 1,4 — entre R$ 14.081 e R$ 15.840
- acima de R$ 15.840

(Disponível em: https://www1.folha.uol.com.br/saopaulo/2018/04/1964842-cinco-brasileiros-falam-sobre-experiencias-no-intercambio-veja-destinos-em-alta.shtml. Acesso em: 17/2/2021.)

Texto 2

Perfil do intercambista

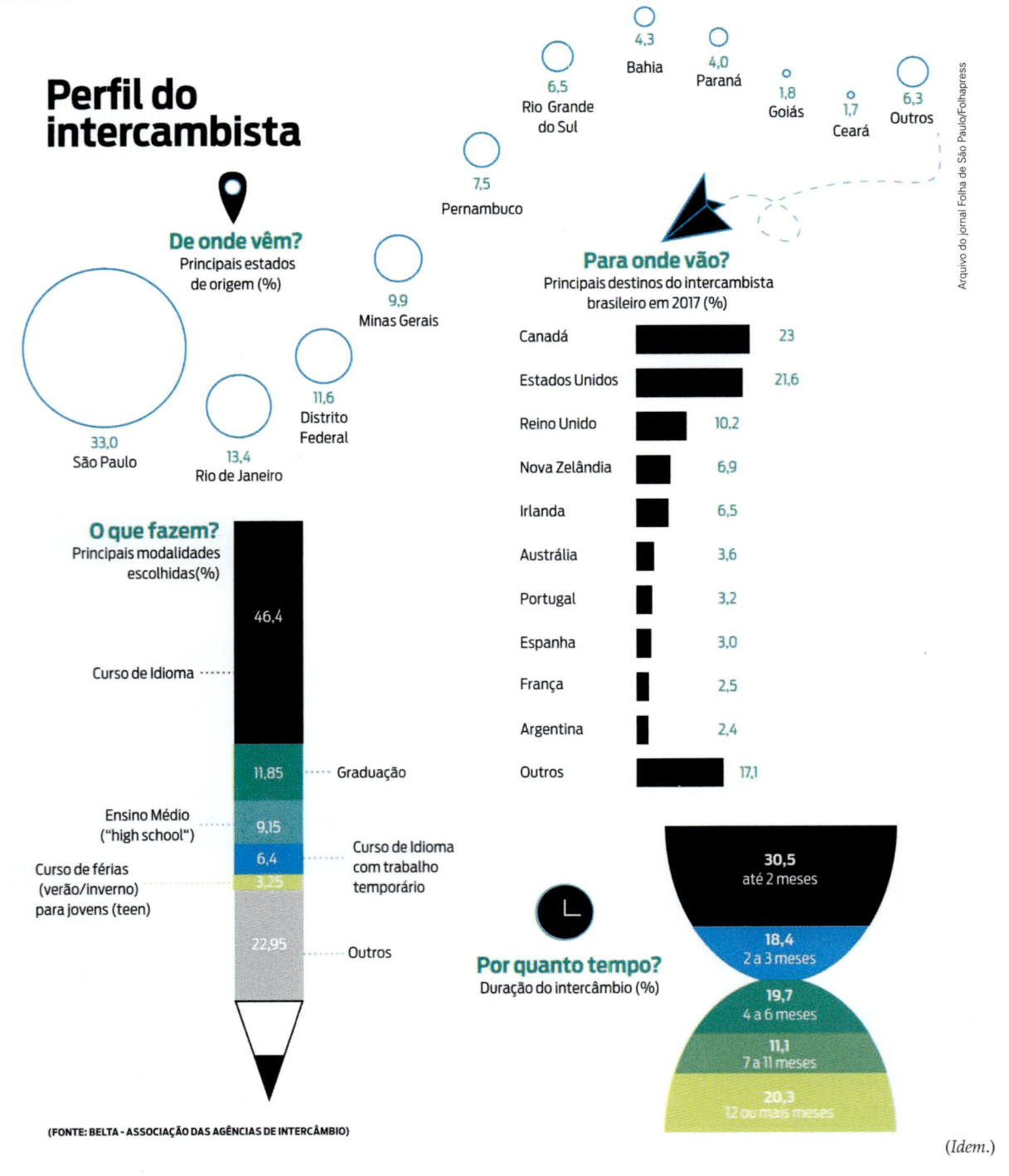

De onde vêm?
Principais estados de origem (%)

- São Paulo: 33,0
- Rio de Janeiro: 13,4
- Distrito Federal: 11,6
- Minas Gerais: 9,9
- Pernambuco: 7,5
- Rio Grande do Sul: 6,5
- Bahia: 4,3
- Paraná: 4,0
- Goiás: 1,8
- Ceará: 1,7
- Outros: 6,3

Para onde vão?
Principais destinos do intercambista brasileiro em 2017 (%)

- Canadá: 23
- Estados Unidos: 21,6
- Reino Unido: 10,2
- Nova Zelândia: 6,9
- Irlanda: 6,5
- Austrália: 3,6
- Portugal: 3,2
- Espanha: 3,0
- França: 2,5
- Argentina: 2,4
- Outros: 17,1

O que fazem?
Principais modalidades escolhidas (%)

- Curso de Idioma: 46,4
- Graduação: 11,85
- Ensino Médio ("high school"): 9,15
- Curso de Idioma com trabalho temporário: 6,4
- Curso de férias (verão/inverno) para jovens (teen): 3,25
- Outros: 22,95

Por quanto tempo?
Duração do intercâmbio (%)

- até 2 meses: 30,5
- 2 a 3 meses: 18,4
- 4 a 6 meses: 19,7
- 7 a 11 meses: 11,1
- 12 ou mais meses: 20,3

(FONTE: BELTA - ASSOCIAÇÃO DAS AGÊNCIAS DE INTERCÂMBIO)

Arquivo do jornal Folha de São Paulo/Folhapress

(Idem.)

6. De acordo com o primeiro infográfico, o perfil mais comum entre as pessoas que fazem intercâmbio é:

a) mulher, de 18 a 21 anos, renda até 3 520,00.

b) homem, de 22 a 24 anos, renda até 7 040,00.

c) homem e mulher, de 25 a 29 anos, renda média de 5 280,00.

d) mulher, de 30 a 39 anos, renda até 1 760,00.

7. De acordo com o segundo infográfico, a maioria dos intercambistas saem do Estado:

a) do Rio de Janeiro e vão para o Canadá.

b) de Minas Gerais e vão para os Estados Unidos.

c) de Pernambuco e vão para a Argentina.

d) de São Paulo e vão para o Canadá e os Estados Unidos.

8. As pessoas que procuram o intercâmbio têm, na maioria, a finalidade de:

a) conseguir um trabalho temporário em outro país.

b) estudar idiomas, em cursos com duração de dois meses.

c) fazer um curso de férias com trabalho temporário de até sete meses.

d) estudar idiomas por um ano.

Leia o texto a seguir e responda às questões 9 e 10.

VeredaS

ANTONIO PRATA

ADULTERADO
Crônicas

A primeira vez e os foras, a relação com os pais e com os amigos, as dificuldades na escola, o início da idade adulta, Deus, a escolha da faculdade, as pequenas e grandes conquistas, o amor, os complexos, as drogas e o rock'n roll. Por mais variados que sejam os temas das crônicas aqui reunidas, estão sempre presentes o humor, a leveza no olhar e a sensibilidade que colocam Antonio Prata entre os grandes cronistas em atividade no país. São textos que fazem rir e pensar (não necessariamente nessa ordem) e, quem sabe, podem ser de alguma ajuda nesse "longo caminho que vai dos doze, treze anos, até finalmente sairmos de casa e podermos ouvir (e tocar) a música que a gente quiser, no volume que bem entender — ou, pelo menos, até o vizinho chamar a polícia".

MODERNA

(Quarta capa do livro *Adulterado*, de Antonio Prata. São Paulo: Moderna, 2009.)

9. Pelas características do texto, trata-se de:

   a) um comentário sobre as dificuldades dos jovens de hoje.

   b) um artigo de opinião sobre crônicas de Antonio Prata.

   c) um texto de apresentação de um livro de crônicas de Antonio Prata.

   d) um texto com observações sobre o relacionamento de Antonio Prata com amigos e familiares.

10. Em relação ao conteúdo das crônicas, os comentários são:

    a) negativos, pois ressaltam as dificuldades na escola na fase adolescente e no início da fase adulta.

    b) positivos e ressaltam o humor e a leveza dos textos.

    c) positivos e negativos, mantendo-se neutros em relação à qualidade dos textos e à possibilidade de leitura.

    d) positivos, mas sem estimular o leitor a comprar o livro de crônicas.

Leia o texto a seguir e responda às questões 11 a 13.

10 passos para se desintoxicar do mundo digital

1. Ao dormir, deixe o celular desligado, no silencioso ou longe do seu alcance.

2. Silencie o aparelho durante as refeições.

3. Respeite as pessoas que estão ao seu lado, valorize o momento presente e privilegie as relações ao vivo.

4. Desative os alertas sonoros e ligue o modo silencioso.

5. Estabeleça horários e delimite o tempo de uso por dia. Faça uma coisa de cada vez. A capacidade de fazer várias ao mesmo tempo é um mito.

6. Limpe periodicamente as redes sociais.

7. Dose o uso de tecnologias no cotidiano. Verifique se seu desempenho acadêmico ou no trabalho e se a relação com a família e amigos estão sendo prejudicados pelo uso abusivo das tecnologias.

8. Não troque atividades, compromissos ou encontros ao ar livre para ficar conectado às tecnologias. Escolha relacionamentos e amizades reais em vez de virtuais.

9. Pratique exercícios físicos regularmente. Crie intervalos regulares durante o uso das tecnologias fazendo alongamentos.

10. Fique off-line e valorize o tédio. Ele é fundamental para o bom funcionamento mental.

(Disponível em: https://www.revistaencontro.com.br/canal/revista/2018/05/voce-esta-viciado-em-ficar-online-faca-o-teste.html. Acesso em: 17/2/2021.)

11. As dicas têm como público-alvo:

a) adultos que trabalham com a internet e não conseguem se desconectar.

b) crianças e adolescentes apenas, pois não sabem estabelecer limites.

c) internautas em geral.

d) pessoas que estão se iniciando no mundo virtual e precisam aprender a ter controle de horas *on-line*.

12. Observe as formas verbais do texto e marque a alternativa correta:

a) As formas verbais estão no modo indicativo, pois o enunciador manifesta certeza em relação às suas orientações.

b) As formas verbais estão no presente do indicativo, pois referem-se a ações que ocorrem ou podem ocorrer neste momento.

c) As formas verbais estão no presente do subjuntivo, pois expressam ações que qualquer pessoa possivelmente fará, agora ou no futuro.

d) As formas verbais estão no modo imperativo, pois trata-se de um texto instrucional que sugere ações necessárias para a desintoxicação digital.

13. O título do texto é "10 passos para se desintoxicar do mundo digital". É correto afirmar:

a) Os passos mostram a ordem em que cada uma dessas ações deve ser feita para que se obtenha sucesso na iniciativa.

b) Considerando a relação entre o texto e o título, seria mais adequado que o título fosse "10 dicas para se desintoxicar do mundo digital".

c) O título, de forma velada, faz uma crítica ao mundo digital, vendo-o como tóxico ao internauta.

d) O emprego do futuro do indicativo **desintoxicar** dá a entender que são ações que o leitor poderá adotar daqui para a frente.

Capítulo 10

Palavras: pássaros encantados!

Você já notou como é extraordinário o poder das palavras? Elas podem encantar e desencantar, alegrar e entristecer, alentar e ofender... Enfim, as palavras proporcionam as mais diferentes emoções. Por meio delas, voamos!

O texto a seguir é do escritor e educador Rubem Alves. Leia-o e responda às questões propostas.

A beleza dos pássaros em voo

[...]

Eu nunca imaginei que seria escritor. Não me preparei para isso. Conheço pouco da tradição literária. A literatura me chegou sem que eu esperasse, sem que eu preparasse o seu caminho. Chegou-me por meio de experiências de solidão e sofrimento.

A solidão e o sofrimento me fizeram sensível à voz dos poetas. A decisão foi tomada depois de completar 40 anos: não mais escreveria para os meus pares do mundo acadêmico, filósofos ou teólogos. Escreveria para as pessoas comuns. E que outra maneira existe de se comunicar com as pessoas comuns que simplesmente dizer as palavras que o amor escolhe?

Fernando Pessoa declara que "arte é a comunicação aos outros de nossa identidade íntima com eles". Toda alma é uma música que se toca. Quis muito ser pianista. Fracassei. Não tinha talento. Mas descobri que posso fazer música com palavras. Assim, toco a minha música... Outras pessoas, ouvindo a minha música, podem sentir sua carne *reverberando* como um instrumento musical. Quando isso acontece, sei que não estou só. Se alguém, lendo o que escrevo, sente um movimento na alma, é porque somos iguais. A poesia revela a comunhão.

Não escrevo *teologia*. Como poderia escrever sobre Deus? O que faço é tentar pintar com palavras as minhas fantasias — imagens modeladas pelo desejo — diante do assombro que é a vida.

hereticamente: de maneira desrespeitosa em relação aos princípios da religião.

parábola: narrativa alegórica breve que transmite uma mensagem indireta, por meio de comparação ou semelhança.

reverberar: repercutir.

teologia: ciência ou estudo de Deus, de suas características e de suas relações com o homem e com a natureza.

Se o Grande Mistério, vez por outra, faz ouvir a sua música nos interstícios silenciosos das minhas palavras, isso não é mérito meu. É graça. Esse é o mistério da literatura: a música que se faz ouvir, independentemente das intenções de quem escreve. É por isso que poesia, como bem lembrou Guimarães Rosa, é essa irmã tão próxima da magia... Poesia é magia, feitiçaria... O feiticeiro é aquele que diz uma palavra e, pelo puro poder dessa palavra, sem o auxílio das mãos, o dito acontece. Deus é o feiticeiro-mor: falou e o universo foi criado. Os poetas são aprendizes de feiticeiro. O desejo que move os poetas não é ensinar, esclarecer, interpretar. Essas são coisas da razão. O seu desejo é mágico: fazer soar de novo a melodia esquecida. Mas isso só acontece pelo poder do sangue do coração humano.

Escrevi, faz muitos anos, uma estória para minha filha de quatro anos. Era sobre um Pássaro Encantado e uma Menina que se amavam. O Pássaro era encantado porque não vivia em gaiolas, vinha quando queria, partia quando queria... A Menina sofria com isso, porque amava o Pássaro e queria que ele fosse seu, para sempre. Aí ela teve um pensamento perverso: "Se eu prender o Pássaro Encantado numa gaiola, ele nunca mais partirá e seremos felizes, sem fim...". E foi isso que ela fez. Mas aconteceu o que ela não imaginava: o Pássaro perdeu o encanto. A Menina não sabia que, para ser encantado, o Pássaro precisava voar... Dei-me conta de que essa estória é uma **parábola** da teologia. Existe sempre a tentação de prender o Pássaro Encantado, o Grande Mistério, em gaiolas de palavras. O poeta é aquele que ama o Pássaro em voo. O poeta voa com ele e vê as terras desconhecidas a que seu voo leva. Por isso não há nada mais terrível para um poeta que ver um Pássaro engaiolado... Daí que ele se dedique, **hereticamente**, à tarefa de abrir as portas das gaiolas para que o Pássaro voe... E é para isso que escrevo: pela alegria de ver o Pássaro em voo.

(*Na morada das palavras*. Campinas: Papirus, 2003. p. 71.)

1. O narrador conta como se tornou escritor.

    a) Com base no texto, infira: Qual era a profissão dele antes de ser escritor? Justifique sua resposta.

    b) Que experiências de vida o levaram a se aproximar da poesia?

2. Em certo momento, o narrador resolveu escrever para "pessoas comuns". Deduza:

    a) O que ele escrevia antes? Para quem escrevia?

    b) Segundo o texto, a comunicação com pessoas comuns se constrói com palavras que o amor escolhe. Levante hipóteses: Como eram os textos que o narrador escrevia antes?

QUEM É RUBEM ALVES?

Rubem Alves (1933–2014) nasceu em Boa Esperança (MG) e se tornou um dos principais educadores do Brasil. Foi teólogo, filósofo, escritor e professor na Unicamp-SP. É autor de vários livros, entre os quais obras literárias para adultos e crianças e obras relacionadas a Educação, Filosofia e Teologia. Entre seus livros estão *Concerto para corpo e alma* e *E aí? — Cartas aos adolescentes*, para adultos e jovens; *A menina e o pássaro encantado* e *A pipa e a flor*, para crianças.

3. Para explicar como se escreve para pessoas comuns, o narrador cita uma frase do poeta português Fernando Pessoa: "a arte é a comunicação aos outros de nossa identidade íntima com eles".

    a) Troque ideias com os colegas e interprete o conceito de arte de Fernando Pessoa.

    b) Que palavra, empregada no 3º parágrafo, corresponde a essa "identidade íntima" entre o artista e os "outros"?

4. O narrador diz ter fracassado como pianista. Releia este trecho do texto:

> "Mas descobri que posso fazer música com palavras. Assim, toco a minha música... Outras pessoas, ouvindo a minha música, podem sentir sua carne reverberando como um instrumento musical."

Interprete:

a) O que é a "música com palavras"?

b) O que é a reverberação que o ouvinte pode sentir em sua carne?

5. No 4º parágrafo, o narrador, além de comparar a poesia à magia, compara também os poetas a Deus.

a) Segundo o texto, o que há em comum entre os poetas e Deus?

b) Se os poetas não querem "ensinar, esclarecer, interpretar", então qual é a função da poesia?

6. No último parágrafo, o narrador resume uma história que escreveu para sua filha — a história do Pássaro Encantado — e diz que ela é uma "parábola da teologia".

a) De acordo com essa relação, a que corresponde, nas religiões, a gaiola que prende o Pássaro Encantado?

b) O narrador conclui seu texto afirmando: "E é para isso que escrevo: pela alegria de ver o Pássaro em voo". Interprete: Com que finalidade o narrador escreve literatura?

7. Você já aprendeu o conceito de metalinguagem. Pode-se dizer que esse texto é metalinguístico? Justifique sua resposta.

8. Você já leu algum texto ou livro que o(a) tenha tocado? Se sim, fale para os colegas sobre esse texto ou livro.

Palavras em contexto

Leia o excerto:

> "Chegou-me por meio de experiências de solidão e sofrimento."

1. A quem o pronome **me** se refere?

2. Rubem Alves afirma que, aos 40 anos, passou a escrever a "pessoas comuns". Quem são essas pessoas?

3. Na frase "Deus é feiticeiro-mor", qual é o sentido da palavra **mor**, no contexto?

Texto e intertexto

Leia este texto de Clarice Lispector:

Declaração de amor

Esta é uma confissão de amor: amo a língua portuguesa. Ela não é fácil. Não é maleável. E, como não foi profundamente trabalhada pelo pensamento, a sua tendência é a de não ter sutilezas e de reagir às vezes com um verdadeiro pontapé contra os que temerariamente ousam transformá-la numa linguagem de sentimento e de alerteza. E de amor. A língua portuguesa é um verdadeiro desafio para quem escreve. Sobretudo para quem escreve tirando das coisas e das pessoas a primeira capa de superficialismo.

Às vezes ela reage diante de um pensamento mais complicado. Às vezes se assusta com o imprevisível de uma frase. Eu gosto de manejá-la — como gostava de estar montada num cavalo e guiá-lo pelas rédeas, às vezes lentamente, às vezes a galope.

Eu queria que a língua portuguesa chegasse ao máximo nas minhas mãos. E este desejo todos os que escrevem têm. Um Camões e outros iguais não bastaram para nos dar para sempre uma herança da língua já feita. Todos nós que escrevemos estamos fazendo do túmulo do pensamento alguma coisa que lhe dê vida.

Essas dificuldades, nós as temos. Mas não falei do encantamento de lidar com uma língua que não foi aprofundada. O que recebi de herança não me chega.

Se eu fosse muda, e também não pudesse escrever, e me perguntassem a que língua eu queria pertencer, eu diria: inglês, que é preciso e belo. Mas como não nasci muda e pude escrever, tornou-se absolutamente claro para mim que eu queria mesmo era escrever em português. Eu até queria não ter aprendido outras línguas: só para que a minha abordagem do português fosse virgem e límpida.

(*A descoberta do mundo*. Rio de Janeiro: Rocco, 1999. p. 100-101.)

1 Qual é o desejo da autora em relação à língua portuguesa?

2 Em relação a este trecho:

> "Um Camões e outros iguais não bastaram para nos dar para sempre uma herança da língua já feita. Todos nós que escrevemos estamos fazendo do túmulo do pensamento alguma coisa que lhe dê vida."

a) O que é o "túmulo do pensamento"?

b) No contexto, o que é a vida dada a esse túmulo?

c) Qual é a visão da autora a respeito do processo histórico que envolve a língua?

3 A autora manifesta sua admiração pelo inglês, que considera "preciso e belo". Por que, então, manifesta mais interesse em escrever em português?

4 Observe os pronomes em destaque nos trechos:

> - "Esta é uma confissão de amor: amo a língua portuguesa. **Ela** não é fácil. Não é maleável. E, como não foi profundamente trabalhada pelo pensamento, a **sua** tendência é a de não ter sutilezas e de reagir às vezes com um verdadeiro pontapé contra os que temerariamente ousam transformá-**la** numa linguagem de sentimento e de alerteza."
> - "Todos nós que escrevemos estamos fazendo do túmulo do pensamento alguma coisa que **lhe** dê vida."
> - "Essas dificuldades, nós **as** temos."

Os pronomes referem-se, respectivamente, a:

a) confissão, confissão, língua portuguesa, língua portuguesa, nós.

b) língua portuguesa, maleável, sutileza, pensamento, essas.

c) língua portuguesa, língua portuguesa, língua portuguesa, túmulo do pensamento, dificuldades.

5 Compare o texto de Rubem Alves com o texto de Clarice Lispector.

a) Em que se assemelham?

b) Em que se diferenciam?

Exercícios

Leia o texto de Manoel de Barros a seguir e responda às questões 1 a 4.

Fraseador

Hoje eu completei oitenta e cinco anos. O poeta nasceu de treze. Naquela ocasião escrevi uma carta aos meus pais, que moravam na fazenda, contando que eu já decidira o que queria ser no meu futuro. Que eu não queria ser doutor. Nem doutor de curar nem doutor de fazer casa nem doutor de medir terras. Que eu queria era ser fraseador. Meu pai ficou meio vago depois de ler a carta. Minha mãe inclinou a cabeça. Eu queria ser fraseador e não doutor. Então, o meu irmão mais velho perguntou: Mas esse tal de fraseador bota mantimento em casa? Eu não queria ser doutor, eu só queria ser fraseador. Meu irmão insistiu: Mas se fraseador não bota mantimento em casa, nós temos que botar uma enxada na mão desse menino pra ele deixar de variar. A mãe baixou a cabeça um pouco mais. O pai continuou meio vago. Mas não botou enxada.

(*Memórias inventadas – A infância*. São Paulo: Planeta, 2003.)

1. Os tempos verbais predominantes no texto sugerem um relato:

   a) de fatos do presente.
   c) atemporal.
   b) que faz projeções para o futuro.
   d) de fatos do passado.

2. Na carta que escreve aos pais, o narrador explicita que queria ser fraseador, e não doutor. Do texto, pode-se inferir que:

   a) o desejo do narrador de ser escritor nasceu na adolescência e provocou preconceito no seu irmão mais velho.

   b) o desejo do narrador de ser fraseador nasceu na maturidade e provocou preconceito na família.

   c) o narrador queria ser cantador na adolescência e teve apoio de toda a família.

   d) o narrador queria ser orador na maturidade e teve todo o apoio familiar.

3. Releia este trecho:

   > "Que eu não queria ser doutor. Nem doutor de curar nem doutor de fazer casa nem doutor de medir terras."

   De acordo com a sequência dos enunciados do trecho, pode-se entender que o narrador não queria ser:

   a) arquiteto, médico, agrônomo.

   b) médico, agrônomo, escritor.

   c) médico, engenheiro, agrônomo.

   d) médico, engenheiro, arquiteto.

4. Releia este trecho:

   > "Meu irmão insistiu: Mas se fraseador não bota mantimento em casa, nós temos que botar uma enxada na mão desse menino pra ele deixar de variar."

   De acordo com o trecho, pode-se concluir que:

   a) tanto o irmão mais velho quanto os pais apoiaram a decisão do menino de não trabalhar com enxada, e sim com suas frases.

   b) a família decidiu que seria melhor que o menino trabalhasse com enxada, pois, como fraseador, ele não ganharia dinheiro para sobreviver.

   c) apesar da visão prática do irmão mais velho, o pai consentiu que o menino realizasse seu desejo.

   d) a visão prática do irmão mais velho fez com que os pais contrariassem o desejo do menino.

Leia o texto abaixo e responda às questões 5 a 7.

Minha sombra

De manhã a minha sombra
com meu papagaio e o meu macaco
começam a me arremedar.
E quando eu saio
a minha sombra vai comigo
fazendo o que eu faço
seguindo os meus passos.

Depois é meio-dia.
E a minha sombra fica do tamaninho
de quando eu era menino.
Depois é tardinha.
E a minha sombra tão comprida
brinca de pernas de pau.

Minha sombra, eu só queria
ter o humor que você tem,
ter a sua meninice,
ser igualzinho a você.

E de noite quando escrevo,
fazer como você faz,
como eu fazia em criança:
Minha sombra
você põe a sua mão
por baixo da minha mão,
vai cobrindo o rascunho dos meus poemas
sem saber ler e escrever.

(Jorge de Lima. *Obra completa*. 19. ed. Rio de Janeiro: José Aguilar, 1958.)

5. De acordo com o texto, a sombra imita o menino:

a) de manhã.

b) ao meio-dia.

c) à tardinha.

d) à noite.

6. O poema descreve:

a) um dia na vida de uma criança.

b) um dia na vida de um escritor, que estabelece relações com a infância.

c) uma noite de tempo indeterminado, cheia de escritas e leituras na vida de um poeta.

d) um tempo em que o eu lírico era criança e gostava de ler e de escrever.

7. No contexto, a palavra **meninice** significa:

a) ter a idade de um menino.

b) período de crescimento que vai da adolescência à fase adulta.

c) infantilidade, ingenuidade.

d) atos bobos e ingênuos.

Leia o texto a seguir e responda às questões 8 a 10.

A importância da leitura em tempos de isolamento

A rápida propagação do Novo Coronavírus (COVID-19) levou o mundo inteiro a adotar medidas preventivas de isolamento social. Nesse período, é fundamental ficar em casa para conter o avanço da doença, assim como enfrentar os riscos para quem trabalha em serviços essenciais, o que tem gerado impactos na vida das pessoas. A mudança da rotina de casa, dos filhos e do trabalho, as incertezas sobre o presente e o futuro, o bombardeio de informações, o medo, enfim, são apenas alguns dilemas enfrentados pela maioria da população neste período de pandemia e isolamento social.

Além dos cuidados essenciais com higienização e alimentação, o atual momento exige uma atenção especial para nós mesmos, uma vez que a falta de conhecimento e de uma solução imediata gera um aumento de ansiedade, insegurança, estresse, tristeza e outros sentimentos. Só para se ter uma ideia, a Organização Mundial de Saúde (OMS) recomendou algumas ações com o objetivo de amenizar os impactos negativos da pandemia, como escrever e, principalmente, ler. Neste momento, os livros têm sido ótimos companheiros de quarentena.

[...]

Literatura faz bem à saúde

A psicóloga do Sesc Fortaleza, Telma Fernandes, explica que, diante do atual momento, muitos estão desenvolvendo um nível alto de estresse. Para a profissional, uma das sugestões para as pessoas lidarem melhor com a situação é ler. Relaxamento muscular, meditação, ativação da memória e promoção da empatia são apenas alguns dos benefícios de uma boa leitura. "A dica é escolher livros com temas e assuntos [com] que você se identifica, que prendam a sua atenção e façam você mergulhar no contexto, transformando-se, assim, em mais um personagem da história", afirma.

A outra sugestão para aliviar a tensão é escrever. Conforme ressalta a psicóloga, adotar uma rotina de anotações diárias sobre nossas emoções alivia os sentimentos, ajuda a processar as angústias e organiza os pensamentos. "As anotações podem ser feitas em poucas linhas. Relate, busque formas de entender, aceitar e trabalhar suas emoções", orienta.

(Disponível em: https://g1.globo.com/ce/ceara/especial-publicitario/sistema-fecomercio/radar-do-comercio/noticia/2020/06/01/a-importancia-da-leitura-em-tempos-de-isolamento.ghtml. Acesso em: 16/2/2021.)

8. O tema central do texto é:

   a) o enfrentamento das consequências materiais e psicológicas da pandemia.

   b) como fazer anotações de boas leituras durante o afastamento social.

   c) a importância da leitura em tempos de pandemia e isolamento social.

   d) o alto nível de estresse provocado pelo afastamento social.

9. Segundo o texto, a pandemia e o afastamento social geraram nas pessoas:

   a) relaxamento muscular, meditação, ativação da memória.

   b) estresse, ansiedade, insegurança, tristeza e outros sentimentos.

   c) motivação em alto grau para a leitura, escrita e exercícios físicos.

   d) busca por informações sobre alimentação e higienização pessoal.

10. Para amenizar os impactos negativos da pandemia, a Organização Mundial de Saúde (OMS) recomendou:

    a) cuidados com a alimentação.

    b) exercícios físicos diários.

    c) higienização pessoal intensa.

    d) leitura e escrita para aliviar as tensões.

Leia o texto a seguir e responda às questões 11 e 12.

18ª Festa Literária Internacional de Paraty

3 a 6 de dezembro 2020

A Flip surgiu de um desejo difícil: promover em Paraty, cidade distante das capitais, uma experiência de encontro permeada pelas artes. Desde 2003, quando estreou em um espaço improvisado com pouco mais que vinte autores convidados, a Flip se conectou intimamente ao território que a recebeu. Pioneira em ocupar os espaços públicos com cultura, a Flip é um momento importante para o debate de ideias e um ponto de encontro de toda a diversidade — o F, afinal, é de festa.

Cada edição presta homenagem a um autor brasileiro e reúne um vigoroso time de escritores, de diferentes origens e perspectivas, para se encontrar com o público em Paraty. É a dimensão do encontro que norteia as muitas linguagens empenhadas na construção de cada Flip: arquitetura, design, cenografia, urbanismo. Cada detalhe é pensado a partir da transformação dos espaços públicos, que ano após ano vão acumulando camadas de apropriação afetiva por visitantes e moradores.

O encontro da literatura com as ruas resulta em uma experiência singular a céu aberto, que começou a ser construída uma década antes da primeira Flip, e se aprofunda com ações voltadas ao território e de caráter educativo que a Flip realiza durante o ano todo em Paraty.

(Disponível em: https://www.flip.org.br/historico/. Acesso em: 19/2/2021.)

11. A Feira Literária Internacional de Paraty tem como objetivo:

   a) promover um encontro educativo, com debate de ideias entre escritores e educadores.

   b) promover um encontro sobre arte em geral, aproximando principalmente artistas e o público.

   c) promover um encontro de literatura, aproximando escritores e o público.

   d) promover o espaço histórico de Paraty, atraindo artistas e público de várias partes do mundo.

12. A Flip tem como público-alvo:

   a) os fãs de escritores.

   b) os interessados em urbanismo, arquitetura e *design*.

   c) os interessados em literatura, principalmente.

   d) os moradores da cidade de Paraty.

Leia, no gráfico a seguir, os resultados comparativos de uma pesquisa sobre leitura feita em 2015 e 2019 e responda às questões 13 a 18.

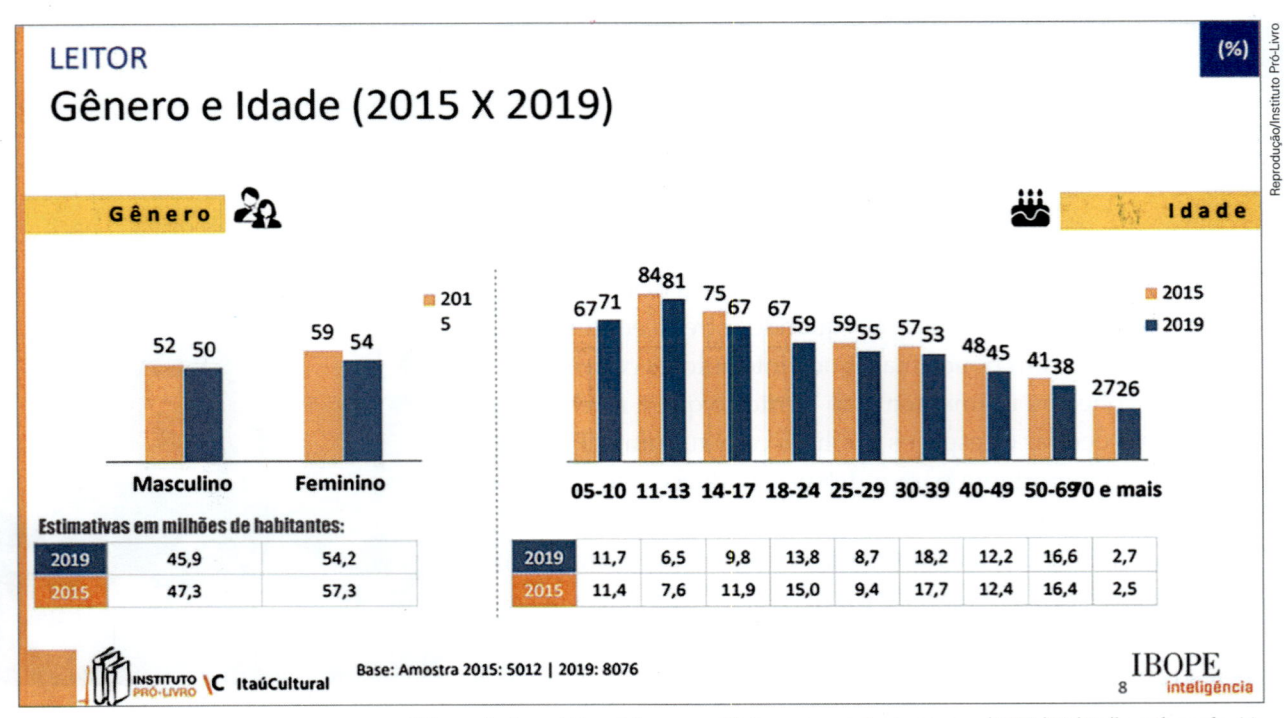

LEITOR
Gênero e Idade (2015 X 2019) (%)

Gênero:
- Masculino: 52 (2015) / 50 (2019)
- Feminino: 59 (2015) / 54 (2019)

Idade:
- 05-10: 67 / 71
- 11-13: 84 / 81
- 14-17: 75 / 67
- 18-24: 67 / 59
- 25-29: 59 / 55
- 30-39: 57 / 53
- 40-49: 48 / 45
- 50-69: 41 / 38
- 70 e mais: 27 / 26

Estimativas em milhões de habitantes:

	Masculino	Feminino
2019	45,9	54,2
2015	47,3	57,3

	05-10	11-13	14-17	18-24	25-29	30-39	40-49	50-69	70 e mais
2019	11,7	6,5	9,8	13,8	8,7	18,2	12,2	16,6	2,7
2015	11,4	7,6	11,9	15,0	9,4	17,7	12,4	16,4	2,5

Base: Amostra 2015: 5012 | 2019: 8076

INSTITUTO PRÓ-LIVRO / ItaúCultural / IBOPE inteligência

(Disponível em: https://www.publishnews.com.br/materias/2020/09/11/brasil-perde-46-milhoes-de-leitores-entre-2015-e-2019-aponta-retratos-da-leitura. Acesso em: 19/2/2021.)

13. Pelos gráficos, é possível observar que, em 2019, o público leitor no Brasil era formado por cerca de:

   a) 100 milhões de leitores.

   b) 46 milhões de leitores.

   c) 54 milhões de leitores.

   d) 110 milhões de leitores.

14. Pelos gráficos, é possível afirmar que o número de leitores em 2019:

a) foi maior do que em 2015.

b) foi menor do que em 2015.

c) foi igual ao de 2015.

d) foi essencialmente masculino.

15. Considerando a faixa etária dos leitores, é correto afirmar que, entre 2015 e 2019, houve aumento do número de leitores:

a) nas faixas 5-10, 18-24, 40-49, 70 ou mais.

b) nas faixas 14-17, 30-39, 70 e mais.

c) 5-10, 30-39, 50-69, 70 e mais.

d) apenas na faixa de 5-10 anos.

16. Considerando a idade dos leitores e sua relação com a escola, se todos eles estiverem na escola com idade adequada, é possível notar que o maior número de leitores está cursando:

a) o ensino fundamental II.

b) o ensino fundamental I e II.

c) o ensino médio.

d) o ensino superior.

17. Se compararmos o número de leitores por gênero, é correto afirmar que:

a) houve um aumento de homens e mulheres leitores.

b) tanto homens quanto mulheres estão lendo menos.

c) não houve mudanças no hábito de leitura das mulheres.

d) não houve mudanças no hábito de leitura dos homens.

18. Segundo o gráfico de leitura por gêneros:

a) homens e mulheres não leem.

b) os homens leem mais do que as mulheres.

c) homens e mulheres leem igualmente.

d) as mulheres leem mais do que os homens.

Bibliografia

ANTUNES, Irandé. *Aula de português*: encontro & interação. São Paulo: Parábola, 2003.

BAKHTIN, Mikhail. *Estética da criação verbal*. São Paulo: Martins Fontes, 1997.

BRASIL. Ministério da Educação. Secretaria de Educação Básica. União Nacional dos Dirigentes Municipais da Educação. Conselho Nacional de Secretarias de Educação. *Base Nacional Comum Curricular*. Versão final. Dezembro de 2018. Disponível em: http://basenacionalcomum.mec.gov.br/images/BNCC_EI_EF_110518_versaofinal_site.pdf.

BRASIL. Secretaria de Educação Básica. *PDE/Plano de Desenvolvimento da Educação*: Prova Brasil – ensino fundamental: matrizes de referência, tópicos e descritores. Brasília: MEC/SEB/Inep, 2008.

COLL, César; MARTÍN, Elena. *Aprender conteúdos & desenvolver capacidades*. Porto Alegre: Artmed, 2004.

CORACINI, Maria José (org.). *O jogo discursivo na aula de leitura*. Campinas: Pontes, 1995.

COSCARELLI, Carla Viana (org.). *Tecnologias para aprender*. São Paulo: Parábola, 2016.

COSCARELLI, Carla Viana; RIBEIRO, Ana Elisa (org.). *Letramento digital*: aspectos sociais e possibilidades pedagógicas. 3. ed. Belo Horizonte: Ceale: Autêntica, 2011.

COSTA VAL, Maria da Graça. *Redação e textualidade*. São Paulo: Martins Fontes, 1994.

ILARI, Rodolfo. *Introdução à semântica*: brincando com a gramática. São Paulo: Contexto, 2001.

KLEIMAN, Angela. *Leitura*: ensino e pesquisa. Campinas: Pontes, 1989.

KLEIMAN, Angela. *Texto & leitor*. Campinas: Pontes, 1995.

KLEIMAN, Angela; MORAES, Silvia E. *Leitura e interdisciplinaridade*. Campinas: Mercado de Letras, 1999.

KOCH, Ingedore G. V. *A coerência textual*. São Paulo: Contexto, 1991.

KOCH, Ingedore G. V.; BENTES, Anna Christina; CAVALCANTE, Mônica Magalhães. *Intertextualidade*: diálogos possíveis. São Paulo: Cortez, 2007.

KOCH, Ingedore G. V.; TRAVAGLIA, Luiz C. *Texto e coerência*. 4. ed. São Paulo: Cortez, 1995.

MACEDO, Lino de; ASSIS, Bernadete A. (org.). *Psicanálise & pedagogia*. São Paulo: Casa do Psicólogo, 2002.

MACHADO, Nílson José; MACEDO, Lino de; ARANTES, Valéria Amorim. *Jogo e projeto*. São Paulo: Summus, 2006.

MARTINS, Maria Helena. *O que é leitura*. São Paulo: Brasiliense, 2004.

PERRENOUD, Philippe. *Construir as competências desde a escola*. Porto Alegre: Artmed, 1999.

ROJO, Roxane; MOURA, Eduardo (org.). *Multiletramento na escola*. São Paulo: Parábola, 2012.

SCHNEUWLY, Bernard; DOLZ, Joaquim. *Os gêneros orais e escritos na escola*. Tradução e organização de Roxane Rojo e Glaís Cordeiro. Campinas: Mercado de Letras, 2004.

SOLÉ, Isabel. *Estratégias de leitura*. Porto Alegre: Artmed, 1998.

ZILBERMAN, Regina da Silva (org.). *Leitura*: perspectivas interdisciplinares. São Paulo: Ática, 1999.